성경에서 배우는 효(HYO)

KB194984

성경에서 배우는 효(HYO)

지은이 | 나용화
초판 발행 | 2022. 7. 13
등록번호 | 제1988-000080.호
등록된 곳 | 서울특별시 용산구 서빙고로 65길 38
발행처 | 사단법인 두란노서원
영업부 | 2078-3352 FAX | 080-749-3705
출판부 | 2078-3331

책값은 뒤표지에 있습니다.
ISBN 978-89-531-4253-4 03230

독자의 의견을 기다립니다.
tpress@duranno.com   www.duranno.com

이 책의 저작권은 저자와 독점 계약한 두란노서원에 있습니다. 저작권법에 의하여 한국 내에서 보호 받는 저작물이므로 무단 전재와 무단 복제를 금합니다.

본서에 사용된 성경 역본은 별도의 표기가 없는 한 저자의 사역임을 밝힙니다.

두란노서원은 바울 사도가 3차 전도여행 때 에베소에서 성령 받은 제자들을 따로 세워 하나님의 말씀으로 양육하던 장소입니다. 사도행전 19장 8-20절의 정신에 따라 첫째 목회자를 돕는 사역과 평신도를 훈련시키는 사역, 둘째 세계선교(TIM)와 문서선교(단행본·잡지) 사역, 셋째 예수문화 및 경배와 찬양 사역, 그리고 가정·상담 사역 등을 감당하고 있습니다. 1980년 12월 22일에 창립된 두란노서원은 주님 오실 때까지 이 사역들을 계속할 것입니다.

성경에서
배우는

효
HYO

나용화
지음

두란노

차례

20세기가 물질문명을 근간으로 하는 산업 사회라면, 21세기는 정신문명이 지배하는 정신 사회입니다. 20세기는 물질문명의 시대였습니다. 인류는 물질문명을 추구했고 발전시켰습니다. 그런데 어느 순간 깨달았습니다. 물질만 추구하느라 기준은 사라지고 관계는 깨졌습니다. 혼돈, 무질서, 공허가 이 시대를 지배하고 있습니다. 사람들은 불안과 정신병에 시달리고 가정은 무너지고 있습니다. 교육은 오락가락하고 사회는 이념의 대립입니다. 경제는 빈익빈 부익부입니다. 그런데 누구 하나 대안을 제시하지 못하고 있습니다.

시대와 세대를 초월하는 총체적 정신 이념과 사상을 아우르는 통념적 문화, 모든 종교를 관통하는 보편적 가치가 절실합니다. 그런 정신과 문화만이 21세기 정신문명 사회를 이끌어 갈

수 있는 대안입니다. 우리에게는 그런 정신과 문화가 있습니다. 효입니다. 효는 가장 한국적이자 가장 세계적인 문화입니다. 가장 성경적이자 가장 보편적인 정신입니다.

가족이 있는 곳에 효가 있습니다. 과거에도 효는 있었고 지금도 효는 있습니다. 민주주의 국가에도 효는 있고 공산주의 국가에도 효는 있습니다. 더 중요한 사실은 하나님 아버지께서 효를 명령하셨습니다. "네 부모를 공경하라 그리하면 너의 하나님 나 여호와가 네게 준 땅에서 네 생명이 길리라"(출 20:12, 개역한글).

효는 하나님 아버지의 명령이자 약속입니다. 효는 가장 먼저 가르치고 배우고 실천되어야 할 "하나님 앞에 받으실 만한 것"입니다. "만일 어떤 과부에게 자녀나 손자들이 있거든 저희로 먼저 자기 집에서 효를 행하여 부모에게 보답하기를 배우게 하라 이것이 하나님 앞에 받으실 만한 것이니라"(딤전 5:4, 개역한글).

《성경에서 배우는 효(HYO)》는 그러한 효의 정신을 탁월한 필체로 알기 쉽게 설명해 주고 있습니다. 책의 저자인 나용화 교수님은 광신대학교, 개신대학원대학교 교수 및 총장을 지내셨고 《성경적 조직신학》(CLC, 2020) 등의 저서를 집필하신 원로 신학자이십니다. 나 교수님은 효의 출발점을 '헤세드'와 '카바드'로 보고, 효의 원형을 삼위일체에 두며, 효는 공동체에서 행해져야 함을 강조하셨습니다. 하나님과 사람, 사람과 사람, 사람과 자연 등 모든 관계에서 조화를 이루는 목적이 효에 있다고 생각하십니다. 이 조화를 "Harmony"로 번역하시고 "하모니가 곧 효이다"라고 주장하십니다.

교수님의 지론에 저는 깊이 공감합니다. 또한 교수님의 높은 학문적 수준에서 이 같은 결론에 도달했다는 점에서 존경을 표합니다. "성령 충만으로 말미암아 회개의 역사가 일어났고, 제자들 곧 성도들이 사도의 가르침을 받는 일과 교제하는 일과 빵을 떼며 함께 먹는 일과 기도에 전념하게 되었다"라고 하면서 성령 충만한 삶이 곧 효라는 인식을 강조하셨습니다. 장로교 신학에 정통하심에도 성령 운동과 효 운동을 연결하시는 모습을 보면서 진리는 하나라는 점을 새롭게 깨달았습니다.

효(HYO)란 무엇인가를 정의해 보라면, 한마디로 효는 생명입니다. 효가 들어가면 가정이 살고, 학교가 살고, 나라가 살고, 인류가 삽니다. 효는 살리는 일을 합니다. 그래서 효는 살림입니다. 우리가 살아가는 삶의 본질이며 모양입니다. 또한 효는 정체성을 지칭하기도 합니다. 하나님 아버지의 아들 됨입니다. 아들답게 사는 아들다움입니다. 예수님은 하나님의 아들이시며 아들답게 사셨습니다. 그래서 예수님은 효자이십니다. 예수님을 닮아 가는 것이 우리의 사명입니다. 효는 실천을 통해서 변화를 경험하게 합니다.

위대한 신학자와 설교가들은 효의 중요성을 강조했습니다. 마르틴 루터(Martin Luther)는 "부모는 세상에서 하나님의 대리자이다", "우리는 부모님을 하나님 다음으로 높여야 한다"고 했습니다. 존 칼빈(John Calvin)은 "십계명의 첫째 판은 천부 효도법이라고 하면 제5계명은 친부 효도법이라 할 수 있다"고 했으며, 칼 바르트(Karl Barth)는 "부모는 하나님의 대표자요, 하나님의 대리자다"라고 했습니다. 영국의 역사학자 아놀드 토인비(Arnold Toynbee)는 말했습니다. "효 사상은 인류를 위해서 가장 위대한 사상이다. 효 사상과 경로사상, 그리고 가족 제도를 영원히 보존하자. 한국에서 장차 인류 문명에 크게 기여할 것이 있다면 그것은 부모를 공경하는 효 사상일 것이다."

나용화 교수님이 심혈을 기울이신 《성경에서 배우는 효(HYO)》는 신학을 하는 분들이나 신앙의 새로운 실천 모델을 찾는 분들에게 유용한 지침이 됩니다. 교파를 초월하여 모든 그리스도인이 반드시 일독해야 할 저서라고 생각합니다.

최성규

인천순복음교회 원로목사
한국효단체총연합회 대표회장
성산효대학원대학교 설립자·총장

우리말 '사람 인'(人)은 사람이 서로 비스듬히 기대어 살게 되어
있다는 것을 의미한다. 사람은 서로 비스듬히 기대어 살 때 사
람다울 수 있다. 사람다운 사람이 될 수 있고, 사람 노릇을 할
수가 있다. 우리말 '사람'은 생김새가 '사랑'과 거의 같다. 'ㅁ'
과 'ㅇ' 받침만 차이가 있다. '사람'은 '살다'의 명사형 '삶'과도
생김새가 같다. '삶'은 '사람'의 준말이다. 영어의 경우 'live'와
'love', 독일어의 'leben'과 'lieben'은 어근이 같다. '사는 것'과
'사랑하는 것'은 서로 뿌리가 같다. 사람은 서로 사랑함으로 산
다. 사랑하며 서로 비스듬히 기대어 산다.

　사람은 본래 혼자(alone)이다. 혼자서 스스로 산다. 그래서 고
독(solitude)을 즐기기도 한다. 그러나 혼자 있다 보면 외로움
(loneliness)에 빠지기 쉽다. 사람끼리 비스듬히 기대어 사랑을 나

누지 않으면 외롭게 된다.

사람마다 자아(self)와 개성(individuality)이 있다. 사람은 자기를 사랑하고 개성을 지키려 한다. 자아가 깨지거나 개성이 약해지는 것을 원하지 않는다. 자아의 껍질을 두껍게 만들고 개성의 성벽을 높게 쌓아 자기만의 세계를 세운다. 개인주의 삶을 초래한다. 비스듬히 기대는 것을 싫어한다. 누구도 자기에게 비스듬히 기대는 것을 허용하지 않는다. 누군가에게 비스듬히 기대려하지 않고, 누군가가 비스듬히 기대려 하는 것도 원치 않는다. 그저 나 혼자 서 있으려 한다.

우리 사회는 지금 혼자(single) 외롭게(lonely) 사는 세대가 전체 세대의 30%를 차지하고 있다. 혼자 밥 먹고, 혼자 잠자고, 혼자 차 타고, 혼자 일한다. 결혼도 싫고, 자녀를 갖는 것도 싫고, 부모와 함께 사는 것도 싫고, 친척과 교제하는 것도 싫어한다. 혼자 삶을 즐기려 한다. 배우자도 없이, 형제도 없이, 부모도 없이, 이모나 고모나 삼촌이나 사촌도 없이 혼자 사는 것이 편하고 행복할 것으로 생각한다. 혼자 사는 세대들은 가족을 모른다. 인간관계를 모르고 산다.

자아와 개성이 강하면, 인격(person)과 인성(personality)이 약화된다. 인격이란 사람 노릇 하는 사람이요, 인성이란 공동체 안에서 다른 인격들과 사회적으로 관계를 할 줄 아는 능력이다.

사람끼리 서로 비스듬히 기댈 줄 아는 능력이 인성이다. 자아와 개성이 강하고 인격과 인성이 약해진 사회는 사람마다 자기가 좋아하고 편할 대로 행하며 산다. 사람마다 자기 목소리를 내고 남의 소리는 듣지 않는다. 이로 인하여 사회가 조화(harmony)가 없고 평화(peace)도 없으며, 전체적으로 무질서하고 시끄러워진다.

가을이 되면 시골 논밭에는 볏단이나 깻단들이 셋씩 비스듬히 기대어 세워져 있다. 이렇게 셋씩 비스듬히 기대어 세워진 볏단이나 깻단들은 바람이 통하고 햇볕이 잘 쪼여 잘 마르게 되고, 강한 바람이 불어도 넘어지지 않는다. 서로 모양새 좋게 기대어 세워 놓은 까닭에 보기에도 좋고 안전하며 잘 말라 농부가 거두기에도 좋다. 우리가 사는 사회도 이와 마찬가지다. 사람끼리 서로 비스듬히 기대어 섬김과 사귐과 나눔을 가짐으로 조화를 이룰 때 평화가 있게 되는 것이다.

효는 본래 나이 어린(young) 세대와 나이 든(old) 세대 간에 조화(harmony)를 이루는 것을 가리키나, 좀 더 넓혀서 생각해 보면, 부모뿐 아니라 부부와 동료 간, 그리고 사회 공동체나 자연과의 관계에서 이루는 조화도 가리킨다. 우리의 모든 관계에서 서로 조화를 이루는 것이 선하고 아름다우며 복스러운 것이다. 이 같은 조화의 세계를 소망하고, 이를 위하여 기도한다.

필자로 하여금 《성경에서 배우는 효(HYO)》를 쓰도록 적극적
으로 격려하고 응원해 주신 인천순복음교회 원로목사요 성산효
대학원대학교의 설립자와 총장이자 HYO하모니선교회 이사장
이신 최성규 목사님께 깊이 감사를 드린다.

지금의 기성세대는 대부분 어린 시절 가정에 식구들이 많아 서로 부대끼고 함께 사는 법을 몸에 익힐 수밖에 없었다. 학교에서는 "당신 자신을 알라"(Know yourself)는 말을 금과옥조로 알고 배웠다. 그래서 '나는 누구인가?', '사람은 어떤 존재이며, 어떻게 사는 것이 사람답게 사는 것인가?'를 고민했다. 개성이 강하기보다는 인성이 착해야 사람답다고 배웠다. "사람이면 사람이냐? 사람이어야 사람이지"라는 말을 귀가 닳도록 듣고 자랐다.

그러나 오늘의 젊은 세대는 어려서부터 가정에서 대부분 혼자 외톨이로 자라 누구와 부대낄 일도 적고 누군가 곁에 있으면 불편하게 여기며 살아왔다. 학교에서는 대학 입학시험과 취업시험을 위해 공부하다 보니 서로를 경쟁 대상으로 생각할 수밖에 없었다. 그래서 "당신 자신을 알라"는 말을 들을 기회도 없었다. 나밖에 모르니까 나를 알려고 할 이유가 없었다. 모두가 경쟁의 대상이기 때문에 서로 기대며 산다는 것은 생각조차 할 수 없었다. 나밖에 모르다 보니 개성은 강해져 이기적이 되고, 인성은 훈련되지 않아 사람 노릇이 무엇인지를 고민하지 않고 자라났다.

성경에 의하면, 하나님은 사람을 하나님의 형상으로 만드시되 남자와 여자로 만드시고 자연 만물을 다스리며 함께 더불어 살라고 명령하셨다(창 1:26-28). 그리고 에덴동산을 창설하시고 사람을 그 동산에서 살게 하시되, 땅을 경작하며 지키게 하시고 (창 2:15), 생명의 언약을 맺어 하나님과 사람이 아버지와 자녀로 살게 하셨다(창 2:16-17). 뿐만 아니라 아담을 위해 하와를 돕는 배필로 만들어 주시어 둘이 한 몸을 이루어 살게 하셨다(창 2:18-25). 하나님은 사람을 창조하실 때부터 하나님과 배우자(가족 또는 이웃)와 자연과 더불어 살게 하셨던 것이다.

그런가 하면, 이스라엘 백성을 애굽에서 탈출하여 자유케 하셨을 때에는 십계명을 신앙생활과 사회생활을 위한 법률로 제정하시어 하나님을 사랑하고 경외하며, 부모를 공경하고, 이웃을 내 몸과 같이 사랑하며 서로 더불어 살도록 명령하셨다. 사람은 하나님 앞에서 서로 부대끼고 서로 비스듬히 기대며 사랑하고 자연 속에서 살지 않으면 안 되도록 하나님이 만드신 것이다. 즉 효(Harmony of Young & Old, HYO)를 행하며 살도록 하셨다. 서로가 더불어 사랑으로 하나 되어 살게 하셨다. 효를 사람이 사람답게 사는 지혜가 되게 하신 것이다.

우렁이는 자기 몸 안에 40-100개 정도의 알을 품고, 그 알들이 부화되면 새끼들은 어미 우렁이의 살을 뜯어 먹고 성장한다. 어미 우렁이는 자기 살을 다 뜯기고 나면 빈 껍데기가 되어 물에 둥둥 떠 흘러간다. 새끼들은 "우리 엄마 시집가네" 하며 박수한다. 우렁이는 자식 사랑의 극치이다.

이에 비하여, 가물치는 수천 개의 알을 낳고, 그 알들이 부화되기까지 품은 채 굶는다. 그래서 알이 부화될 즈음에는 어미 가물치는 움직일 힘도 없게 된다. 이때 갓 부화된 새끼들이 한 마리씩 자원하여 어미의 밥이 되어 준다. 어미가 건강을 어느 정도 회복하여 움직일 수 있게 되었을 때는 90%가 희생하고 10%만 살아남는다. 그래서 가물치는 효자 물고기로 소문나 있다. 우렁이의 자식 사랑과 가물치의 어미 사랑이 효를 상징적으로 보여 주는 것이다.

사람이 사랑하며 사는 데는 희생과 수고가 따른다. 티격태격도 하고 부대끼기도 하고 아웅다웅도 하며 정을 주고받는다. 그러는 중에 서로 비스듬히 기대어 사랑을 나눈다.

지금 우리 사회는 '나 홀로' 사는 것이 대세이다. 누구와 함께 붙어 사는 것을 싫어한다. 누군가가 비스듬히 기대려 하면 기피하고 도망친다. 누군가가 옆에 있으면 그 자체만으로도 자기를 괴롭힌다고 생각한다. 괴로운 것보다는 외로운 것이 더 낫다고 생각하여 '나 홀로' 사는 편을 택한다. 희생이나 수고할 마음이 전혀 없다. 아예 사랑을 모르고 산다. '나 홀로'만을 고집한다. 그래서 결혼을 기피한다. 부모를 기피하여 멀리 떨어져 산다. 결혼을 하면 부모로부터 독립하여 사는 것을 당연시한다. 그리고 결혼을 해도 자녀 출산을 원하지 않는다. 자녀를 낳아도 하나만 낳고 만다.

우리 사회는 '나 홀로'를 고집하다 보니, 서로 비스듬히 의지할 대상이 없다. '사람 인'(人)을 모르고 산다. 사람 노릇이 무엇인지 알려고 하지 않는다. 그저 '나 홀로'이다. 그런데 '나 홀로' 살다 보면, 시간이 흐름에 따라 외로움(loneliness)을 뼛속 깊이 느끼게 된다. 혼자서 밥을 먹는 '혼밥'을 하는 사람은 '먹방' 프로그램을 유튜브에서 찾아 앞에 놓고 보면서 외로움을 달래기도 한다. 그림 속에 있는 밥상을 놓고 살짝 비스듬히 기대어 '먹방'을 보지만 그것으로 외로움이 해결되지 않는다. 그래서 우울증과 조현병에 시달린다. 심지어는 극단적인 선택을 하여 자기의 삶을 마감해 버린다. 이 같은 심각한 사회 문제를 정부 차원에서 해결해 보려고 영국과 일본은 최근에 '외로움대책부'(Ministry for Loneliness)를 설치했다.

바울이 말하는 바에 의하면, 우리가 지금 살고 있는 말세에는 산모가 겪는 진통과 같은 심한 고통이 있다. 그 고통의 원인은 자기를 사랑하고(love of self), 돈을 사랑하며(love of money), 성적 쾌락을 사랑하는 것(love of sexual pleasure)이다(딤후 3:1-5). 잘못된 사랑 때문에 오늘의 세대는 엄청난 고통을 겪고 있는 것이다.

건강한 사랑은 오래 참고, 자기의 유익을 구하지 않으며, 모든 것을 부대끼며 견딘다(고전 13:4-7). 사랑은 훈련된 인격과 인성에서 나온다. 자아와 개성은 사랑을 거부하나, 인격과 인성은 사랑의 수고와 훈련을 기뻐한다.

강한 자아와 개성에 뿌리를 둔 이기주의는 개인뿐 아니라 가정도, 사회도, 심지어 자연까지도 파괴한다. 서로 간에 비스듬히 기대며 정과 사랑을 나누는 훈련을 싫어하는 이기주의는 조화를 거부하기에 모든 관계를 파괴하여, 결국 '나 홀로'를 고집하는 사람 자신을 고통스럽게 하고 희생시킨다.

사랑은 모든 것이 함께 온전히 조화를 이루도록 묶는 띠이다(골 3:14, "Love binds everything together in perfect harmony", ESV). 그러기에 사랑으로 마음을 같이하여 서로 조화를 이루어 살아야 한다

(롬 12:16, "Live in harmony with one another", ESV). 사랑은 비스듬히 서로 기대어 조화를 이루어 살게 해 주는 비결이다. 그러기에 효 (HYO), 곧 나이 든 세대와 나이 어린 세대 간의 조화(Harmony of Young & Old)가 모든 관계에서 이루어질 때 사람의 인격과 인성이 훈련됨으로 개인도, 사회도 행복하게 되고, 외로움의 감옥에서 해방되는 것이다.

그러므로 효의 신학은 '사람됨의 신학', 곧 '인격과 인성의 신학'이고, '관계의 신학'이요, '사랑의 신학'이다. 신(信), 곧 신뢰를 중심으로 인(仁, 인애)과 의(義, 정의, 공의, 공정)와 예(礼, 예절)와 지(智, 지혜) 등을 갖춘 오상(五常)의 신학이다.

신(信)은 광명지심(光明之心)으로 밝은 빛을 냄으로써 믿음을 주는 마음으로 친구 간에 있는 신뢰(朋友有信, 붕우유신)이다. 인(仁)은 측은지심(惻隱之心)으로 불쌍하고 가엽게 여겨 정을 나누는 마음으로 아버지와 아들 간에 있는 친밀(父子有親, 부자유친)이다. 의(義)는 수오지심(羞惡之心)으로 불의를 부끄러워하고 악을 미워하는 마음으로 임금과 신하 간에 있는 의로움(君臣有義, 군신유의)이다. 예(礼)는 사양지심(辭讓之心)으로 자신을 낮추고 남을 배려하는 마음으로 부부간에 있는 구별(夫婦有別, 부부유별)이다. 지(智)는 시비지심(是非之心)으로 옳고 그름을 가릴 줄 아는 마음으로 어른과 아이 간에 있는 질서(長幼有序, 장유유서)이다. 이처럼 효의 신학은 사람의 인성에 있어서 기본 덕목이 되는 신학이다. 즉 인성이 조화된 한국적 신학이다.

이를 토대로 1장에서는 "효의 성경적 개념"을 구약과 신약을 통해 다루었다. 히브리어와 헬라어의 효의 개념을 살핀 것이다. 구약의 경우는 성막을 통해서 효를 살피고, 신약의 경우는 성령 충만 및 인생의 제일 되는 목적을 통해서 각각 살폈다. 2장에서는 "하나님 앞에서 효"를 삼위일체 하나님, 십계명의 첫째 돌판의 네 계명들, 믿음의 조상들(아브라함, 야곱, 욥, 다윗), 선지자들(모세, 사무엘, 엘리야, 이사야, 예레미야, 에스겔, 다니엘), 그리고 하나님의 아들이신 예수님과 관련하여 살폈다.

3장에서는 "부모 앞에서 효"를 십계명의 둘째 돌판의 여섯 계명들과 이삭, 요셉, 다말, 룻 및 마리아의 아들이신 예수님과 관련하여 살폈다. 4장에서는 "윗사람 앞에서 효"를 왕 또는 세상 권세자들, 어른 또는 노인, 선생님 및 상급자와 관련하여 다루었다. 5장에서는 "부부 앞에서 효"를 언약, 성령, 아브라함 부부, 이삭 부부, 아굴라 부부와 관련하여 다루었다.

6장에서는 "동료 앞에서 효"를 형제, 친구, 사회 동료와 관련하고, 7장에서는 "아랫사람 앞에서 효"를 자녀, 나이 어린 사람, 하급자와 관련하고, 8장에서는 "공동체 앞에서 효"를 민족 공동체, 국가 공동체, 사회 공동체와 관련하고, 9장에서는 "자연 앞에서 효"를 창조 세계, 죄 아래 있는 자연, 구속받은 자연과 관련하여 다루었다. 끝으로, 나가는 말에서는 효가 하나님 나라의 기초임을 밝혀 놓았다.

말세에는 사람들이 이웃을 신뢰하지 않고, 친구도 믿지 못하며, 자기 품에 누워 있는 아내에게도 속마음을 열지 않을 뿐 아니라, 아들이 아버지를 멸시하고, 딸이 어머니에게 맞서며, 며느리가 시어머니에게 대항하는 등 사회적 관계나 가족 간의 관계가 다 무너져 버려(미 7:5-6) 모든 것이 함께 온전히 조화를 이루게 하는 사랑이 없다. 사랑으로 서로 조화를 이루어 살려고 하지 않는다. 그러기에 이 세대는 무엇보다 효를 절대 필요로 한다.

1장

효의
성경적
개념

◆◆◆　　가장 먼저, 효에 대한 성경적 개념을 구약과 신약을 통해 다루려 한다. 구약의 경우는 우리말 '은택'을 가리키는 히브리어 '게물'과 '인애'를 가리키는 히브리어 '헤세드', '신실함'을 가리키는 히브리어 '에메트'와 '선하심'을 가리키는 '토브', 그리고 '공경'을 가리키는 히브리어 '카바드' 등을 통해서 효 개념을 밝히되, 성막을 중심으로 해서 살폈다. 신약의 경우는 우리말 '경건' 또는 '효'로 번역되는 헬라어 '유세베이아'와 '데오세베이아', '드레스케이아', 그리고 '공경'을 가리키는 헬라어 '티마오' 등을 통해서 밝히고, 성령 충만한 삶과 인생의 제일 되는 목적에 비추어 효 개념을 살폈다.

구약에서

주요 히브리어 단어들

구약에 사용된 바 효의 개념과 관련된 히브리어로 가장 먼저 '게 물'(은택, benefit)이 있다. "내 영혼아, 여호와를 송축하여라. 주님 이 베푸신 모든 은택(게물)을 잊지 마라"(시 103:2). 우리를 긍휼 히 여기시고 은혜로우시며 인애가 많으셔서(시 103:8) 공의와 정 의를 따라(시 103:6) 우리에게 은택을 베푸시는 여호와 하나님을 기 억하고 그분을 송축하는 것이 효의 시작이다. 여호와께서 베푸시 는 은택은 우리의 모든 죄악을 용서하시고, 모든 질병을 고치시며, 우리의 생명을 값 주고 사시어 자유케 하시고, 우리의 소원을 만 족하게 하시는 데 있다(시 103:3-5). 여호와 하나님의 이 같은 은택 을 잊지 않고 기억하며 깊이 감사하는 데서 효가 시작되는 것이다.

두 번째로 주요한 히브리어는 '헤세드'이다. 은혜(히, 헨)로우시 고 긍휼(히, 라함)이 많으시며 선하시고(히, 토브) 신실하시며 진실 (히, 에메트)하신 하나님은 인애(히, 헤세드)의 아버지 하나님이시다. 인애(steadfast love 또는 kindness)는 하나님 아버지의 변함없는 언약 의 내리사랑(covenantal downward love)이다. "우리를 향하신 여호와

27

의 인애하심이 크고 신실하심이 영원하시다"(시 117:2). "여호와는 선하시며 그분의 인애하심은 영원하시다"(시 118:1). 영원히 인애로우신 여호와 하나님은 아버지로서 우리 편이 되어 늘 도우신다(시 118:6-7). 그래서 우리의 하나님이시다(시 118:28).

여호와 하나님은 인애가 많으시기에 지혜로 하늘을 창조하시고(시 136:5), 해와 달과 별들을 만들어 해로 낮을, 달과 별들로 밤을 다스리게 하셨다(시 136:5-9). 그분은 인애가 영원하시기에 이집트의 장자들을 치시고 강한 손과 펴신 팔로 자기 백성 이스라엘을 이집트에서 인도해 내셨다(시 136:12). 인애로우신 하나님은 자기 백성을 시내 광야, 곧 아라비아 북부 미디안 광야에서 낮에는 더위를 피할 수 있게 구름 기둥으로, 밤에는 추위를 이길 수 있게 불 기둥으로 인도하셨다(시 136:16; 출 40:38). 인애의 하나님은 자기 백성에게 먹을 양식도 주시되(시 136:25) 가축을 위해서는 땅에서 풀이 자라게 하시고, 사람을 위해서는 채소가 자라게 하셨다(시 104:14). 이같이 인애가 많으신 하나님 아버지께 감사하고(시 136:1) 그분을 경외하는 것이 효이다(시 118:4; 잠 1:7, 15:33).

이 히브리어 '헤세드'에서 '하시딤'('성도', 시 149:1)과 '하시드'('경건하다', 시 12:1, 86:2)가 파생되어 있는데, 성도는 하나님의 인애를 알고 받아 누리는 자, 곧 하나님의 사랑하심을 받은 자(롬 1:7)이다. 이 성도가 경건한 자요(시 12:1, 86:2), 효를 아는 자이다(참고, 헬라어 '유세베이아'는 "경건" 또는 "효"로 번역된다. 딤전 4:7-8, 5:4).

세 번째로 주요한 히브리어는 '에메트'와 '토브'이다. '에메트'는 '신실하다' 또는 '진실하다'(faithfulness)를 뜻한다. 하나님의 진실하심이 우리에게 방패가 되어 사냥꾼과 같은 사탄 마귀의 덫과 지독한 전염병과 파멸에서 지켜 주신다(시 91:3-10). 하나님의 진실은 그분의 인애와 함께 크고 영원하시기에, 우리는 그분의 진실하심을 인하여 감사하고 경외한다. '토브'는 '좋다', '선하다', '행복하다'를 뜻하는데, 하나님의 성품을 가리킬 때는 '선하다'는 의미이다. 하나님은 인애하시고 진실하시기에 선하시다. 여호와 아버지 하나님이 선하시기에 그분을 찾는 자들은 모든 좋은 것에 부족함이 없다(시 34:8-10). 목자 되신 하나님 여호와께서는 그분의 선하심과 인애로 양 떼인 자기 백성과 항상 함께하시기에 부족함이 없는 것이다(시 23:1, 6).

"네 부모를 공경하라"(출 20:12). '공경하라'가 히브리어로는 '카바드'이다. 이 '카바드'의 명사형인 '카보드'는 '영광, 영예'(glory, honor)를 뜻한다. 그래서 동사인 '카바드'는 '영광을 돌리다', '영예롭게 하다', 또는 '영화롭게 하다'를 의미한다. 부모님을 섬김에 있어서 부모님께 영광을 돌리고 부모님의 이름을 영예롭게 해야 하는 것이다. 이 '카바드'가 하나님께 대해 쓰이면 하나님께 '영광을 돌리다'라는 의미이다(사 43:23; 참고, 롬 1:21; 고전 10:31).

"여호와 너의 하나님을 경외하라"(신 6:13). '경외하다'가 히브리어로는 '야라'이다. '야라'는 두렵고 떨림으로 여호와 하나님을 마음과 뜻과 힘을 다해 사랑하고(신 6:5) 섬기라는 것이다(신 6:13).

이렇듯 하나님의 '게물'('은택'), '헤세드'('인애'), '에메트'('진실함')와 '토브'('선하심')를 알고 하나님께 감사하며 그분을 경외하는 데서 효가 시작된다.

성막으로 본 효

출애굽기를 주제별로 구분해 보면, 1-18장은 출애굽 사건에 관한 것이고, 19-40장은 십계명과 율법 및 성막 건축에 관한 것이다. 1-18장의 경우, 1-3장은 모세의 부르심이고, 4-11장은 모세가 바로왕 앞에서 행한 열 가지 재앙에 관한 것이고, 12-18장은 출애굽 사건과 시내산으로 행군에 관한 것이다. 19-40장의 경우, 19-24장은 십계명과 율법이고, 25-40장은 성막에 관한 것이다. 분량으로 보면, 우리말 성경의 경우, 1-18장은 24페이지이고, 19-40장은 30페이지이며, 히브리어 성경의 경우, 1-18장은 30페이지이고, 19-40장은 40페이지이다. 특히 25-40장의 분량은 우리말 성경의 경우 22페이지 반이고, 히브리어 성경의 경우는 31페이

지나 된다. 이렇게 분량을 비교해 보면, 출애굽기에서 성막이 차지하는 비중이 엄청나게 크고 중요성이 대단하다는 것을 알 수 있다.

출애굽기에서 성막이 차지하는 비중이 큰 것은 출애굽의 목적이 하나님의 백성 된 이스라엘(출 3:10)이 하나님과의 언약을 따라(출 2:24-25) 하나님의 산에서 예배하는 것인 바(출 3:12, 18), 그 목적대로 하나님을 예배하는 곳이 성막이기 때문이다. 출애굽 사건이 그 목적을 위한 과정이라고 하면, 성막은 그 목적을 위한 거룩한 수단이다. 하나님은 출애굽한 이스라엘을 그들과 맺은 언약대로 하나님의 소유 된 백성, 제사장 나라, 거룩한 민족으로 삼으시고(출 19:5-6), 그들 가운데 임재하시어(출 25:8) 그들을 만나시고 말씀을 주시고자(출 25:22) 성막을 만들어 세우셨다(출 25:8-9). 하나님은 이 성막을 섬기는 가운데 자기 백성이 하나님께 나아오는 것을 돕도록 아론과 그의 자손들을 제사장으로 세우셨다(출 28:1-3).

출애굽한 지 1년 만에 성막을 완성하여 세우자(출 40:17) 그 성막에 여호와의 영광이 충만한 가운데 여호와께서 거기에 임하셨다(출 40:34-35). 하나님은 이 성막을 통해서 아브라함과 맺은 언약을 성취하시어 하나님이 아버지가 되시고 이스라엘은 그분의 자녀가 되어 하나님을 예배하게 하셨다. 이로써 하나님 앞에서 이스라엘 백성이 언약에 근거하고 하나님이 주신 율법대로 하나님을 경외하고 예배함으로 효를 행하게 되었다.

성막의 구조와 건축 재료를 보면 성막 덮개, 지성소, 성소의 휘장, 기둥, 조각목, 금, 은, 놋, 보석과 여러 색깔의 실 등 여러 재료들이 꼭 알맞은 자리에 알맞은 방식으로 사용되고 연결됨으로 성막이 세워졌다(출 25:1-9).

성막의 중심에는 언약궤(증거궤 또는 법궤)가 있다. 하나님과 이스라엘 백성 사이에 맺은 언약, 곧 하나님이 아버지가 되시고 이스라엘이 그분의 자녀요 백성이 되는 사랑의 언약을 증거하는 두 개의 십계명 돌판을 담은 궤가 있다. 그 궤 위에 금으로 만든 속죄소(시은좌)를 얹고 그 위에 양 날개로 속죄소를 덮는 두 개의 천사를 상징하는 그룹을 만들었다. 이 속죄소는 하나님과 이스라엘 백성이 만나고, 죄가 용서되고, 하나님의 말씀을 듣는 자리이다(출 25:10-22; 레 16:2-6).

빵을 차려 놓는 상은 하나님의 생명의 말씀을 상징하는 빵을 먹음으로 하나님과 이스라엘이 함께 친교를 나누는 물건이다(출 25:23-30). 순금 등잔대는 빛이신 하나님을 상징하고 제사장이 그 빛 가운데서 행하게 하였다. 이 등잔대는 일곱 개의 등잔과 그 등잔들을 받치는 여섯 개의 꽃받침과 가지들이 한 덩어리가 되었다(출 25:31-40). 꽃받침들과 가지들과 등잔들이 어우러져 아름다운 빛을 비추었다. 분향단은 향을 태움으로 하나님께 드리는 기도를 상징했다. 이 분향단은 속죄소 앞에 놓아 하나님이 만나 주시는 자리 노릇을 했다(출 30:1-10).

성막 뜰 중앙에 위치한 번제단은 매일 아침저녁으로 각종 제물을 드리는 곳으로, 죄 문제 해결과 단절된 관계 회복, 헌신과 감사를 표현하는 등 삶의 문제를 해결하는 통로였다. 번제단과 성소 사이에 위치한 물두멍은 제사장이 성소에 들어갈 때 손과 발을 물로 씻어 하나님 앞에서 제물을 드리는 데 정결케 하는 물건이었다(출 30:17-21). 이 물두멍은 주님을 향한 섬김의 삶이 정결해야 함을 의미했다.

성막과 물건들을 만드는 순서를 보면, 안쪽 지성소에서 시작하여 성소를 거쳐 성막 뜰로 진행되었다. 여호와 하나님의 임재와 속죄의 은혜로부터 시작해서 예배의 삶으로 응답하는 순서, 곧 안에서부터 바깥으로 진행되는 순서였다.

이 성막의 구조와 물건들을 보면, 여호와 언약의 하나님은 자기 백성의 죄를 용서하시어 언약 관계 안으로 들어와 교제하게 하시는 사랑의 하나님이시다. 하나님은 인애와 진실하심과 선하심을 따라 자기 백성을 만나 주시고 언약 관계를 유지하고자 하시는 오래 참으시는 하나님이다. 그러기에 하나님의 언약 백성은 하나님과의 교제 속에서 하나님과 함께 하나님 앞에서 사랑과 믿음으로 살아야 하는 것이다. 하나님의 성막은 하나님의 백성의 효의 자리이다.

이 성막에서 제물을 드리는 과정을 보면, 제물을 가져온 백성이 그 제물 위에 직접 안수하고, 제물을 죽이고, 가죽을 벗기고, 제물을 자르거나 목을 비틀고, 씻기도 한다. 사실, 이같이 행하여 자신을 하나님께 산 제물로 드리는 것이다. 제사장은 그 제물의 피를 번제단 주위에 뿌리고 제물을 불살랐다(레 1:3-9). 이렇듯 제물을 드림에 있어서 제사장과 백성이 함께 참여했다. 이로 보건대, 하나님께 나아가 예배하는 일은 모든 백성이 한데 어우러져 하는 것이다. 거룩함의 정도 차이가 있고, 경제적·사회적 차이가 있고, 제물의 종류에 차이가 있더라도 남녀노소 누구든 모두 하나님께 나아가 함께 예배할 수 있었다. 효는 하나님 앞에서 남녀노소 간 조화 속에서 이루어지는 것이다.

신약에서

주요 헬라어 단어들

'유세베이아'는 동사 '유세베오'의 명사형이다. 동사 '유세베오'는 부사인 '유'('좋게', '선하게', '행복하게', '바르게')와 동사인 '세보마이'('경외하다', '예배하다')의 합성어이다. 동사 '세보마이'의 경우를 보면, 우선 '예배하다'(worship)라는 의미로 사용되었다. "그들이 나를 헛되이 예배하며"(마 15:9). "두아디라성의 자주색 옷감 장사로서 하나님을 예배하는 자인 루디아라고 하는 한 여자가 듣고 있었는데"(행 16:14). "온 아시아와 세계가 예배하는 그 여신의 큰 위엄도 손상될 위험이 있다"(행 19:27).

그런데 '세보마이'가 분사형으로 형용사처럼 쓰이면 '경건한'(devout, pious)을 의미한다. "회중이 흩어진 후에 유대인들과 유대교에 입교한 경건한 자들 중에서 많은 이들이 바울과 바나바를 따르니"(행 13:43). "유대인들이 경건한 귀부인들과 그 성읍의 지도층을 선동하여"(행 13:50). "그들 중 어떤 이들, 곧 경건한 헬라인들의 큰 무리와 적지 않은 귀부인들이 믿고 바울과 실라를 따랐다"(행 17:4). "회당에서는 유대인들 및 경건한 자들과 함께 토론하였고"(행 17:17).

'유세베이아'의 동사 '유세베오'의 경우, 우선, '예배하다'를 의미한다. "그러므로 너희가 알지 못하고 예배하는 이것을 내가 너희에게 알게 하겠다"(행 17:23). 이 '유세베오'가 '효를 행하다'를 의미하기도 한다. "어떤 과부에게 자녀나 손자들이 있으면, 그들이 먼저 자기 집에서 효를 행하여 부모에게 보답하는 것을 배우게 하여라"(딤전 5:4).

명사인 '유세베이아'는 주로 '경건'(piety, godliness)을 의미한다. "우리 자신의 능력과 경건으로 그를 걷게 한 것처럼 왜 우리를 주목합니까?"(행 3:12). "이는 우리가 모든 경건과 정중함으로 조용하고 평안한 생활을 하려는 것이다"(딤전 2:2). "오직 경건에 이르도록 너 자신을 단련하여라. 육체의 훈련은 약간의 유익이 있으나, 경건은 모든 일에 유익하며, 현재와 미래에 생명의 약속이 있다"(딤전 4:7-8). "이 경건의 비밀은 참으로 위대하다"(딤전 3:16). '유세베이아'의 반대말인 '아세베이아'('불경건')의 경우는, 하나님을 알면서도 하나님께 영광을 돌리지 않고 감사드리지도 않으며, 오히려 생각과 마음이 허망해지고 어두워지는 것을 가리킨다(참고, 롬 1:18, 21).

이처럼 '유세베이아'는 '예배하다', '경건하다', '효를 행하다'를 의미한다. 이로 보건대, 하나님을 경외함으로 경건하여 예배하는 가운데 윗사람에 대하여 효를 행하는 것이다. 경건과 예배와 효행의 근본이 같은 것이다.

'데오세베이아'는 '하나님'을 의미하는 '데오스'와 '예배하다', '경외하다'를 의미하는 '세베이아'의 합성어이다. "하나님께서 죄인들의 말은 듣지 않으시나 누구든지 하나님을 경외하고 그분의 뜻을 행하는 자의 말은 들으시는 줄 우리는 압니다"(요 9:31). "이것이 하나님을 공경한다고 고백하는 여자들에게 합당한 것이다"(딤전 2:10).

헬라어 '드레스케이아'(형용사, '드레스코스')는 '종교' 또는 '경건'
을 의미한다. "내가 우리 종교의 가장 엄격한 파를 따라 바리새
인으로 살았음을 증언할 것입니다"(행 26:5). "누가 스스로 경건하
다고 생각하며 자기 혀를 제어하지 않고 자기 마음을 속이면, 이
런 이의 경건은 헛된 것이다. 하나님 아버지 앞에서 정결하고 더
러움이 없는 경건은 환난 가운데 있는 고아와 과부들을 돌보아 주
고 세상으로부터 자신을 지켜 흠이 없게 하는 것이다"(약 1:26-27).

'데오세베이아'나 '드레스케이아'의 경우도, 하나님 앞에서 경
건하여 하나님을 공경함으로 하나님의 뜻을 따라 사람들 간에
함께 어우러져 사랑으로 돌보는 효를 의미한다.

"당신 아버지와 어머니를 공경하시오"(엡 6:2). '공경하다'가 헬
라어로는 '티마오'이다. '티마오'의 명령형은 '티마'이고, 명사형
은 '티메'이다.

마가복음 7장 10절에서는 출애굽기 20장 12절과 신명기 5장
16절을 인용하였다. 헬라어 '티마오'는 히브리어 '카바드'를 번
역한 것이다. 그러므로 헬라어 '티마오'도 히브리어 '카바드'처
럼, 부모님께 영광을 돌리고 그 이름을 영예롭게(또는 영화롭게)
하는 것을 뜻한다. 요한복음 5장 23절에서는 이 '티마오'가 성
자 예수님과 성부 하나님을 공경한다는 의미로 사용되어 있다.

요한복음 8장 49절에서는 아들이신 예수 그리스도가 아버지 하나님을 공경하시는 것을 가리켜 사용되었다.

이로 보건대, 동사 '티마오'는 부모님뿐만 아니라 아버지 하나님과 아들 예수 그리스도를 공경하고 영광을 돌리며 그 이름을 영화롭게 하는 것을 의미한다.

명사형 '티메'도 같은 의미로 쓰이는데, 로마서 12장 10절에서는 형제에 대하여, 디모데전서 6장 1절에서는 주인에 대하여, 데살로니가전서 4장 4절과 베드로전서 3장 7절에서는 아내에 대하여, 그리고 로마서 13장 7절에서는 세상 권세자에 대하여 존경하라는 의미로 사용되었다. 이 '티메'가 헬라어 '독사'('영광')와 함께 '존귀와 영광으로'로 짝을 이루어 아들 예수 그리스도에 대하여 사용되어 있다.

이와 같이, '티메'는 형제, 주인, 아내, 세상 권세자, 그리고 예수 그리스도에 대하여까지 폭넓게 사용되고 있어, 효의 개념이 광범위하다는 것을 보여 준다.

성령 충만한 삶과 효

예수님은 부활하시고 나서 승천하시기 전 제자들에게 아버지 하나님이 약속하신 성령을 기다리라고 하셨다(행 1:4). 그래서 제자들은 마가의 다락방에 모여 기도에 전념하였다(행 1:14). 오순절 날에 하나님의 오른편에 계신 예수님이 약속된 성령을 아버지 하나님께로부터 받아 제자들에 부어 주심으로(행 2:33) 제자들 각 사람 위에 성령이 임하시어 모든 제자가 성령으로 충만해졌다(행 2:3-4). 성령이 임하실 때 불꽃처럼 여러 갈래로 갈라진 혀들이 임하여 제자들이 방언들로 말하기 시작했다(행 2:3-4, 주의, '혀들'과 '방언들'은 헬라어로 같은 단어인 '글로스사'임, 혀들이 임하여 방언들을 말하게 되었음).

성령의 충만으로 말미암아 회개의 역사가 일어나고(행 2:38-41), 제자들, 곧 성도들이 사도의 가르침을 받는 일과 교제하는 일과 빵을 떼며 함께 먹는 일과 기도에 전념하게 되었다(행 2:42). 서로 비스듬히 기대거나 누워 어우러져(in harmony) 사랑으로 교제했다. 성도들은 다 함께 모여 지내면서 모든 물건을 함께 필요한 대로 한마음으로[행 2:43-47; 참고, 롬 12:16, "서로 마음을 같이하고"(harmony with one another)] 나누었던 것이다. 제대로 된 '효'(HYO), 곧 모든 사람이 한마음이 되어 서로 비스듬히 기대는 사랑이 싹텄다.

성령으로 충만하게 되면, 우선 예배가 뜨거워진다. 하나님 앞에서 시와 찬미와 신령한 노래들로 서로 어우러져 화답하고, 하나님께 찬송하게 된다(엡 5:19). 서로 마음을 같이하여 산다(live in harmony with one another). 그런가 하면, 그리스도를 경외하는 가운데 서로 복종한다(엡 5:21). 교회가 그리스도에게 복종하듯 모든 일에 아내들이 남편에게 복종하고, 그리스도가 교회를 사랑하시어 교회를 위해 자신을 내어 주셨듯 남편들은 아내에게 자신의 모든 것을 내어 주어 사랑하는 것이다(엡 5:22-25). 즉 남편들이 자기 아내 사랑하기를 자기 몸을 사랑하는 것같이 한다(엡 5:28). 우리말의 호칭 '여보'(如寶)가 '보배같이 소중한 사람'을 뜻하고, '당신'(當身)이 '내 몸과 같은 사람, 내 삶의 모두'를 뜻하는 바, 이 호칭들에는 성령 충만한 효가 나타나 있다.

부부간뿐만 아니라 부자간에도 효가 행해진다. 자녀들은 주 안에서 자기 부모에게 순종하고, 부모는 자녀들을 주님의 훈계와 교훈으로 양육하며 자녀들을 괴롭게 하지 않는다(엡 6:1-4). 바울은 남편들에게 아내를 괴롭게 하지 말라고 하는가 하면(골 3:19), 부모들에게는 자녀들을 화나게 하지 말고 낙심하게 되지 않도록 주의하라고 당부했다(골 3:21).

성령으로 충만하게 되면, 직장이나 사회생활에서도 효를 행하게 된다. 하급자들, 곧 아랫사람들은 눈가림으로 하지 않고 진실한 마음으로 무슨 일을 하든지 주님께 하듯이 마음을 다하여 순종한다(엡 6:5-8; 골 3:22-25). 상급자들, 곧 윗사람들은 아랫사람들을 공정으로 대하고 외모로 판단하지 않으며 위협하지 않는다(엡 6:9; 골 4:1).

이렇듯 성령으로 충만하면 온전한 조화 속에(in perfect harmony), 즉 함께 온전히 어우러져 서로 비스듬히 기댐으로 사랑이 모든 것을 하나로 묶어 준다(골 3:14). 효가 행해진다.

인생의 제일 되는 목적과 효

"그러므로 여러분은 먹든지 마시든지 무엇을 하든지 다 하나님의 영광을 위하여 하십시오"(고전 10:31). "사람의 제일 최고의 목적은 하나님께 영광을 돌리고, 그분을 영원토록 충만하게 즐거워하는 것입니다"(《웨스트민스터 신앙고백 대요리문답》 제1문답).

하나님께 영광을 돌리는 삶은 유대인이나 헬라인에게나 하나님의 교회에나 거치는 자가 되지 않고, 모든 일에 모든 이를 기쁘게 하려 하고, 나 자신의 유익보다는 많은 이의 유익을 구하는 것이다(고전 10:32-33).

기본적으로, 하나님께 영광을 돌리려면 우리의 온 마음을 기울여 하나님을 찾으며 그분을 사모하고 하나님 외에는 아무것도 의지하지 않고, 하나님에게서만 영원하고 불멸하는 생명을

찾아야 한다. 모든 좋은 것이 예외 없이 하나님으로부터 흘러나
오기 때문에 모든 찬양과 영광이 그분께 돌려지는 것이 마땅하
다. 그리고 지금 여기서 하나님을 기뻐하고 영원토록 즐거워해
야 한다. 다시 말해서, 하나님으로 만족하고 감사함으로 하나님
을 즐거워해야 한다.

경건한 성도, 곧 하나님의 인애하심과 진실하심과 선하심을
아는 사람은 유일하고 참되신 하나님만을 생각한다. 그리고 하
나님을 아는 것으로 만족한다. 하나님이 모든 것을 다스리신다
는 것을 알고, 하나님이 인생의 안내자요 보호자이심을 믿고서
자신을 전폭적으로 하나님께 맡겨 하나님만을 신뢰하기 때문에
범사에 하나님을 인정한다(참고, 잠 3:6). 경건한 사람은 하나님을
주님이시요 아버지로 인정하는 까닭에 범사에 그분의 권위를
높이는 것을 당연하게 여기며, 그분의 위엄을 경외하고, 그분의
영광을 드러내기를 힘쓰며 그분의 명령들을 순종하는 것을 합
당하게 생각한다(칼빈, 《기독교 강요》 1권 2장 2절).

하나님께 영광을 돌리는 삶에 대하여 좀 더 구체적으로 말하
면, 예수님이 십자가상에서 대속적 죽음을 통해 하나님께 영광
을 돌리셨듯이(요 17:1, 4-5), 우리도 매일 자기의 십자가를 져야
한다(눅 9:23). 다시 말해서, 우리의 육체를 감정과 정욕과 함께
십자가에 못 박고(갈 5:24), 자신의 유익보다는 다른 사람의 유익

을 구하여 자기를 부인하고 희생하는 가운데 절제와 검소의 삶을 살아야 한다. 예수님이 자신을 내어 주심으로 가난한 자들과 함께 형평을 이루셨듯이(고후 8:9, 13), 우리가 가진 것으로 다른 사람들의 궁핍을 채워 줌으로 형평, 곧 공정(fairness)과 조화(harmony)를 이루는 것이다(고후 8:14).

또한 하나님께 영광을 돌리고 그분을 즐거워하려면, 악인의 계획을 따라 행하지 않고 죄인의 길에 서지 않으며 오만한 자의 자리에 앉지 아니하는 것으로 멈추지 않고, 여호와의 율법을 기뻐하고 밤낮으로 묵상함으로 행복을 누려야 한다(시 1:1-2). 뿐만 아니라 여호와의 율법을 따라 행함으로 행복을 누려야 하는 것이다(시 119:1). 경건한 사람은 이처럼 하나님의 율법의 말씀을 기뻐하고 묵상하며 순종하여 행함으로 하나님 안에서 행복을 누린다. 즉 하나님을 즐거워한다.

하나님 앞에서 영이 가난함으로 행복하고, 자신의 죄악 됨을 슬퍼함으로 행복하며, 온유함으로 행복하고, 의에 주리고 목마름으로 행복하며, 긍휼히 여김으로 행복하고, 마음이 청결함으로 행복하며, 화평케 함으로 행복하고, 의를 위하여 박해를 받음으로 행복한 자는 하나님의 나라에서 하나님을 기뻐하고 즐거워한다. 여기서 하나님 안에서 행복한 성도의 효가 시작되는 것이다.

2장

◆

하나님 앞에서

── 효

◆◆◆　　효와 같은 의미의 경건이 히브리어의 경우 '인애'를 뜻하는 '헤세드'에서 파생된 '하시드'(복수형, '하시림')이고, 헬라어는 '유세베이아'이다. 이 같은 히브리어와 헬라어를 보더라도 효는 기본적으로 하나님 앞에서 행해져야 한다. 하나님의 인애하심을 알고 하나님을 경외하며 신뢰하고 순종하는 데서 효가 시작되는 것이다.

하나님 앞에서 행해지는 효가 삼위일체 하나님 안에서 어떻게 행해져 있는가를 살피면, 십계명에서 하나님이 명령하신 것에서 효를 확인할 수 있다. 그리고 믿음의 조상들인 아브라함, 야곱, 욥, 다윗이 하나님 앞에서 행한 믿음의 효와 모세, 사무

엘, 엘리야, 이사야, 예레미야, 에스겔과 다니엘의 말씀 선포의
효, 그리고 하나님의 아들이신 예수님의 절대 순종의 효를 통해
하나님 앞에서 행해진 효가 어떤 것인지를 알 수 있다.

삼위일체 하나님

이슬람 종교의 알라 중심의 난일신론은 철저하게 전제 군주와
같아 절대적 가부장제와 남성 위주의 일부다처제를 택하였다.
그리고 강요된 순종과 헌신에 따른 긍휼이 없는 징벌을 강조한
다. 이에 반하여 기독교의 신관은 삼위일체 하나님이다. 이 신
관에 의하면, 성부 하나님과 성자 하나님과 성령 하나님은 인
격, 곧 행위의 주체로서는 구별이 있는 세 분이시면서 본질 또
는 본체(essence)에 있어서 한 몸이시다. 삼위가 일체이신 것이다.
그래서 한 분 하나님을 생각하는 순간 곧바로 세 분 하나님의
광채에 둘러싸이게 되고, 세 분 하나님을 구별하여 알아보는 순
간 한 분 하나님께로 되돌아간다(칼빈, 《기독교 강요》 1권 18장 17절).
　"실체와 능력과 영원성에 있어서 동일한 삼위가 단일한 신격

으로 있으니, 성부 하나님과 성자 하나님과 성령 하나님이시다. 성부 하나님은 아무에게서도 기원하시지 않고, 나시지도 않으며 나오시지도 않으나, 성자 하나님은 성부 하나님에게서 영원히 나시고, 성령 하나님은 성부와 성자로부터 영원히 나오신다"(《웨스트민스터 신앙고백》 2장 3항). 세 실체(substance)의 하나님, 곧 행위의 주체로서 구별되어 있는 세 분 하나님이 동일하시고 한 본체(one essence)로 계시는 것이다. 영으로서 본체는 하나이시고, 행위의 주체인 위격으로서 실체는 셋이시다.

그래서 "여호와는 우리 하나님이시고, 여호와는 한 분이시니, 너는 네 마음을 다하고 네 목숨을 다하고 네 힘을 다하여 여호와 너의 하나님을 사랑하여라"(신 6:4-5)라고 모세가 말했는가 하면, 사도 요한은 예수님을 "유일하신 하나님"(요 5:44), "참 하나님"(요일 5:20)이라 했다. 또한 사도 베드로는 "우리 하나님, 곧 구주"(벧후 1:1), "우리 주님, 곧 구주"(벧후 1:11, 2:20, 3:18)라고 했으며, 사도 바울은 "우리의 크신 하나님, 구주"(딛 2:13)라고 하였다. 한편, 베드로는 성령을 가리켜 하나님이라고 하였다(행 5:3-4). 바울과 바나바를 안디옥 교회가 선교사로 파송하던 때 성령의 말씀을 따랐고(행 13:2-3), 바울 일행이 아시아 전도를 멈추고 마케도니아 지방으로 전도의 방향을 바꾸게 된 것도 성령이 하셨다(행 16:6-10). 사도행전의 전도와 선교를 성령 하나님이 주도하신 것이다(참고, 행 1:8).

성부 하나님과 성자 하나님과 성령 하나님은 본체 또는 본질에 있어서(in essence) 영(spirit)으로서 동일하시고 유일하시다. 성부 하나님도 영이시고(요 4:24), 성령도 영이시며(행 2:17), 성자 하나님이신 예수 그리스도도 성결의 영(롬 1:4), 생명을 주는 영(고전 15:45), 자유케 하는 영(고후 3:17-18)이시다. 이렇듯 삼위 하나님은 본체가 동일한 영이시기에 한 몸(일체)으로서 한 분이신 것이다. 한 영이시기에 구별이 없으시고, 위격으로서 실체에 있어서(in substance) 구별되어 있으시다. 그래서 세 구별된 영이 아니고, 세 구별된 인격, 곧 행위의 주체로서는 세 분이시다.

세 구별된 실체, 곧 행위적 주체이신 세 하나님은 사랑으로서로 전체를 소유하고 계시는 바 하나 된 공동체(a communion of love)이다. 아버지 하나님이 아들 하나님이신 예수 그리스도 안에 전체로(통째로) 계시고, 아들 하나님도 아버지 하나님 안에 전체로(통째로) 계시며(요 14:10-11, 17:21), 성자 예수님은 성령으로 충만하시다(눅 4:1; 행 10:38).

이같이 삼위 하나님이 상호 교통 또는 상호 내주(mutual indwelling 또는 mutual coinherence)하시는 것을 가리켜 주후 4세기의 갑바도기아 교부들(Cappadocian Fathers)은 '페리코레시스'(perichoresis)라고 하였다. 성자는 성부와 함께 전 본체의 실체(a substance of the whole essence)이신 성령을 소유하고 계심으로 성부와 동일한 하나님이시고, 또 성부는 전체로 성자 안에 내주하시고 성자는 전체로 성부 안에 상호 내주하신다(칼빈, 《기독교강요》 1권 13장 9절). 이렇게 삼위 하나님은 상호 내주하시는 가운데 서로 내어 주시고 섬김과 사귐으로 신뢰하고 순종하며 사랑하신다.

삼위 하나님은 한 하나님으로 상호 내주하시어 서로 사랑하시는데, 삼위 간에는 질서가 있어 서로 구별되신다. 질서에 있어서 성부 하나님이 제1위이시고, 성자 하나님이 제2위이시며, 성령 하나님이 제3위이시다. 이 같은 질서와 관련하여, 성부 하나님이 성자 하나님을 영원히 낳으셨다고 하고(시 2:7; 행 13:33), 성령 하나님은 성부와 성자로부터 영원히 나오신다고 한다(참고, 행 2:33). 성자 예수 그리스도를 통해서 성령을 교회에 풍성하게 부으셨다(딛 3:6).

이 같은 성부와 성자와 성령 하나님의 위격 간에 있는 질서로 인하여, 성자는 성부 하나님을 자기 친아버지로 알고서 자신을 성부와 동등하게 여기시면서도(요 5:18) 자신을 온전히 낮추어 십자가에서 죽기까지 성부 하나님께 철저하게 복종하셨다(빌 2:6-8). 그리고 아버지 하나님이 자기보다 크시다(요 14:28)고 성자 예수님은 말씀하셨는가 하면, 자기가 성부 하나님에게서 왔고, 성부 하나님이 자기를 보내셨다(요 8:42, 17:3)고 하셨다.

또한 성령 하나님도 스스로 이 땅에 오신 것이 아니고, 성자가 성부로부터 받아 보내셨다(요 1:33-34, 14:16; 행 2:33). 그래서 성령 하나님은 스스로 말씀하시지 않고 오직 성자 예수님에게서 들은 것을 말씀하시며, 예수님에게서 받아서 교회에게 알려 주시는 것이다(요 15:26-27, 16:13-15).

이로 보건대, 질서에 있어서(in order) 성부 하나님은 성자 하나님의 아버지이시고, 성자 하나님은 성부 하나님의 아들로서 서로 사랑의 질서를 유지하고 계신다. 성령 하나님은 성부 하나님과 성자 하나님 두 분의 영으로서(참고, '아버지의 영', 롬 8:9; 고전 3:16; '아들의 영', 롬 8:9; 요 16:7) 성부 하나님과 성자 하나님을 사랑의 끈으로 함께 묶으신다.

한편, 경륜에 있어서(in economy), 작정과 창조의 섭리와 구원 사역에 있어서 삼위 하나님은 각기 행위의 주체로서 구별되어 행하시되 그러면서도 항상 하나로 함께 행하신다. 성부 하나님은 성자 예수 그리스도 안에서 자기 백성을 선택하시고 그 아들로 말미암아 그들을 자기 자녀들로 받아들여(엡 1:4-5) 성령으로 인 쳐 자기에게 속하게 하셨다(엡 1:13-14). 그리고 성부 하나님은 말씀으로 온 세계를 창조하시되(히 11:3), 성자 예수 그리스도 안에서, 그분으로 말미암아, 그분을 위하여 창조하셨고(골 1:16), 성령으로 완성하셨다(요 16:13). 성부 하나님이 그분의 영을 보내시면 모든 만물이 창조되고 새로워진다(시 104:30).

또한 성부 하나님이 복음으로 부르신 자들을 위해 성자 하나님이 자신의 희생을 통하여 구원을 성취하시고, 성령 하나님이 하나님의 자녀들로 하여금 구원과 영생을 얻어 누리게 하신다. 즉 죄와 사망의 덫에서 풀려나 자유를 누리게 하시는 것이다(롬 8:2). 성부는 구원을 시작하시고, 성자는 성취하시며, 성령은 베풀어 누리게 하신다. 이렇듯 성부 하나님은 성자 하나님 안에서 성령 하나님의 능력으로 창조하시고 구원하시는 가운데 유기적 통일을 이루신다. 이 같은 성부와 성자와 성령의 유기적 통일과 합력이 하나님의 효이다.

십계명의 첫째 돌판

하나님 아버지 앞에서 하나님의 자녀 된 자들이 하나님을 경외하고 신뢰하고 사랑으로 순종하여 경건하게 살 수 있게 하는 율법이 바로 하나님 자녀의 윤리 규범인 십계명이다. 이 십계명의 첫째 돌판에 있는 첫째 계명에서 넷째 계명까지가 하나님 앞에서 행하는 효이다.

십계명의 서문에는 "나는 너를 애굽 땅, 종 되었던 집에서 인도하여 낸 네 하나님 여호와로라"(출 20:2)라고 되어 있다. 영원하고 불변하시며 절대 통치권을 가지신 하나님 여호와께서는 이스라엘뿐만 아니라 성자 그리스도 예수 안에서 택함 받은 모든 자녀와 함께 언약을 맺으시고, 그 언약을 따라 이스라엘을 애굽의 종살이에서 건져 내신 것처럼 영적 속박으로부터 자기 자녀들을 건져 주신다. 그러기에 우리는 오직 여호와 하나님만을 우리의 아버지로 알고 그분의 계명들에 순종해야 한다.

첫째 돌판에 있는 네 계명의 요점은 여호와 우리의 아버지 하나님을 애정을 다하고, 목숨을 다하고, 힘을 다하고, 마음을 다하여 사랑하는 것이다.

제1계명, "너는 나 외에는 다른 신들을 네게 있게 말지니라"에 요구되어 있는 의무들은 이렇다. 첫째, 여호와께서 유일하고 참된 하나님이시요, 우리의 하나님이 아버지이신 것을 알고 인정하는 것이다. 둘째, 하나님을 생각하고 묵상하고 기억하고 높이고 존경하고 찬양하고 사랑하고 열망하고 두려워함으로 그분을 예배하고 그분께 합당한 영광을 돌려 드리는 것이다. 셋째, 여호와 하나님을 믿고 신뢰하고 바라고 기뻐하고 즐거워하는 일이다. 넷째, 여호와 하나님을 위해 열심을 내고, 모든 찬미와 감사를 드리고, 힘을 다하여 순종하고 복종하는 일이다. 다섯째, 모든 일에 조심하여 하나님을 기쁘시게 하고, 무슨 일에 하나님을 노엽게 하면 슬퍼해야 한다. 여섯째, 여호와 하나님과 겸손하게 동행하는 일이다. 일곱째, 우리가 자기를 사랑하고, 자기를 추구하고, 우리의 마음과 의지와 감정을 다른 것들에 무절제하게 몰입하게 함으로써 하나님에게서 전체적으로 또는 부분적으로 떠나서는 안 된다.

제2계명, "너를 위하여 새긴 우상을 만들지 말라"에 요구되어 있는 의무들은 하나님이 자기의 말씀으로 제정하신 모든 종교적 예배와 의식을 순전하게 준행하는 것이다. 특별히 그리스도 예수의 이름으로 드리는 기도와 감사, 하나님의 말씀을 읽고 전하고 듣는 일, 그리고 성례에 참여하는 일 등을 힘쓰고, 거짓 예배와 형상 숭배에 사용되는 기념물들을 제거해야 한다.

제3계명은 "너는 너의 하나님 여호와의 이름을 망령되이 일컫지 말라. 나 여호와는 나의 이름을 망령되이 일컫는 자를 죄 없다 하지 아니하리라"이다. 제3계명이 요구하는 바는 하나님의 이름이나 말씀, 기도, 성례 등을 언급할 때 거룩하고 경건하게 사용하는 일이다. 이로써 거룩한 고백과 책임 있는 대화를 통해 하나님께 영광이 되고, 우리 자신과 이웃에게는 유익이 되도록 하는 일이다. 따라서 하나님의 이름을 남용하거나 모독적이고 가증스럽게 사용해서는 안 되고, 하나님의 작정과 섭리 등 하나님이 하시는 일에 대해서 불평하거나 의심해서는 안 된다. 또한 하나님의 말씀을 잘못 해석하거나 헛되게 논쟁하거나 거짓된 교리를 주장해서는 안 되고, 하나님의 이름을 부끄러워하거나 그 이름에 욕을 돌려서는 안 되는 것이다.

제4계명은 "안식일을 기억하여 거룩하게 지키라"이다. 제4계명이 모든 사람에게 요구하는 것은 하나님이 자기의 말씀으로 정하신 날, 곧 이레 가운데 하루를 하나님께 거룩하게 지키는 일이다. 그날은 창세로부터 그리스도의 부활의 날까지는 이레 가운데 일곱째 날이었으나 부활 이후로는 첫째 날이다. 안식일 또는 주일을 거룩하게 지키려면 통상적으로 죄악 된 일들뿐 아니라, 세속적인 일이나 오락을 삼가고 거룩하게 휴식을 취하며, 하나님을 예배하는 일에 온전히 하루를 보내며 즐거워해야 한다.

특별히 안식일 또는 주일을 지키라는 명령이 가족의 윗사람들이나 다른 윗사람들에게 주어진 것은 그들 자신도 그날을 거룩하게 지켜야 할 뿐 아니라, 자기 아래 있는 모든 사람이 자유롭게 지킬 수 있도록 배려해야 하기 때문이고, 또한 고용 관계로 인하여 아랫사람들을 흔히 방해할 가능성이 있기 때문이다.

십계명의 첫째 돌판에 새겨져 있는 네 계명들에 의하면, 여호와 하나님만을 온 마음과 힘을 다해 사랑하고 존경하며 예배하여 하나님께 찬미와 감사와 영광을 돌려야 할 뿐 아니라, 하나님이 정하신 방법대로 예배하고, 마음 자세가 경건하고 거룩해야 하며, 정해진 날과 시간에 하나님께 자원하여 드려야 한다. 이렇게 함으로써 하나님 앞에서 효를 행하게 되는 것이다.

런던의 캔터베리 교회 니콜라이 집사는 17세에 교회 사찰이 되어 청소와 종 치는 일을 맡아 76세 죽을 때까지 했다. 그는 교회를 자기 몸처럼 사랑하고 맡은 일에 충실했다. 그가 교회 종을 치는 시간이 너무나 정확해서 런던 시민들은 자기 시계를 그 종소리에 맞출 정도였다. 노환으로 세상을 떠나던 순간에도 그는 종을 치다가 종탑 아래서 죽었다. 그가 세상을 떠난 날은 런던의 공휴일이 되었다고 한다. 그의 충실한 종 치기의 삶이 효이다.

믿음의 조상들

구약 시대에 하나님 앞에서 믿음으로 영광을 돌린 대표적인 사람들로 아브라함과 야곱과 욥과 다윗을 꼽을 수 있다.

아브라함의 효

니므롯이 시날 땅의 바벨에 세운 성읍과 탑이 무너지고, 사람들이 온 땅으로 흩어진 후(창 10:8-12, 11:1-9), 셈의 계보에 속한 아브람과 사래가 가나안 땅으로 가려고 갈대아 우르를 떠나 하란에 도착하여 거기 잠시 살게 되었다(창 11:31-32). 아브람이 갈대아 우르에 있던 때 영광의 하나님이 그에게 나타나 부르시고 가나안 땅으로 가도록 말씀하셨던 것이다(행 7:2-3).

아브람의 아버지 데라가 하란에서 죽자 하나님은 아브람에게 말씀하시기를, "너는 네 땅, 네 친족, 네 아버지의 집에서 떠나 내가 네게 보여 줄 땅으로 가거라"(창 12:1)라고 하셨다. 하나님은 아브람이 갈대아 우르에 살던 때에도 그렇게 말씀하셨다(행 7:3). 그러나 이번에 말씀하실 때에는 "내가 너를 큰 민족이 되게 하고 네게 복을 주어 네 이름을 크게 할 것이니, 네가 복이 될 것이다. … 땅의 모든 족속이 네 안에서 복을 받을 것이다"(창 12:2-3)라고 하시며 하나님이 언약을 맺어 주셨다. 특히 아브람 안에서 모든 족속, 곧 이방인들이 복을 받을 것을 말씀하신 것은 하나님이 이방인들을 믿음으로 말미암아 의롭다 하실 것을 미리 알고 먼저 아브람에게 복음을 전해 주신 것이었다(갈 3:8). 다시 말해서, 아브람이 하나님을 믿음으로 의롭다 하심을 받은 것처럼(창 15:6), 믿음으로 말미암은 자들은 믿음이 있는 아브람과 함께 의롭다 하심을 받아 하나님의 자녀의 신분과 권세라고 하는 엄청난 복을 받는다(갈 3:6-7, 9).

아브람은 하나님의 말씀에 믿음으로 순종하여 마침내 가나안 땅에 들어갔고, 거기에서 여호와를 위하여 제단을 쌓고 여호와의 이름을 부르며 예배함으로 영광의 하나님께 감사와 영광을 돌렸다(창 12:5-8).

아브람은 자기 조카 롯이 소돔과 고모라 지역에 살다가 그 지역 근방의 왕들의 싸움 때 포로로 잡혀가자, 자기 수하에 있던 318명의 사람들을 이끌고서 롯을 구해 왔다. 그리고 돌아오던 길에 살렘 왕 대제사장 멜기세덱의 축복을 받게 되었다. 그때 아브람은 멜기세덱에게 모든 것 중에서 십 분의 일을 드렸다(창 14:17-20). 이 일들 후에 여호와의 말씀이 환상 가운데서 아브람에게 임하여 "아브람아, 두려워하지 마라. 나는 너의 방패이고 너의 지극히 큰 상급이다"(창 15:1)라고 하셨고, 이어서 아브람에게 하늘의 별들을 보게 하시면서 "네 후손이 이와 같이 될 것이다"(창 15:5)라고 하셨다. 이 말씀에서 하나님은 아브람에게 그리스도를 가리켜 보게 하셨다(갈 3:16). 아브람이 이 말씀대로 믿으니 이것을 그에게 의로 여기셨다(창 15:6; 롬 4:3). 즉 하나님이 아브람을 의롭다 하신 것이다.

하나님은 아브람을 의롭다 하신 후 그와 횃불로 언약을 세우시고, 400년 후 아브람의 후손들이 애굽에서 구출되어 가나안 땅으로 다시 돌아올 것을 계시해 주셨다(창 15:12-14). 여호와 하나님은 아브람과 맺은 이 언약을 기억하시고 400년 후 이스라엘 백성을 애굽에서 구출하셨다(출 2:24-25).

아브람이 애굽에서 데리고 온 여종 하갈에게서 이스마엘을 낳은 불신앙적인 사건이 있은 후(창 16장), 여호와 하나님은 아브람에게 '전능하신 하나님'(히, 엘 샤다이)으로 나타나셔서(창 17:1) 그의 이름을 '아브람'에서 '아브라함'('많은 민족의 조상')으로 고쳐 주시고(창 17:5) 아내 '사래'의 이름도 '사라'로 고쳐 주시면서(창 17:15) 사라에게서 아들 이삭이 태어날 것을 약속하시고 말씀해 주셨다(창 17:16). 뿐만 아니라 약속의 자녀인 이삭과 하나님이 언약을 맺겠다고도 말씀하셨다(창 17:19-21).

약속의 아들이요, 하나님이 언약을 세우신 이 이삭을 하나님
은 아브라함에게 모리아산으로 데리고 가서 희생 제물로 드리
라고 명령하셨다(창 22:1-2). 아브라함은 여호와 하나님이 죽은
자를 살리실 줄 믿는 믿음으로 순종하여 아들 이삭을 번제물로
드리려 칼을 손에 잡고 죽이려 했다. 그때 하나님이 말리셨고,
친히 준비해 놓으신 숫양을 제물로 드리게 하셨다. 하나님은 그
의 순종하는 믿음을 보시고 의롭다 하셨다(창 22:12, "네가 네 아들,
네 외아들까지도 내게 아끼지 않으니, 이제 나는 네가 하나님을 경외한다는 것을
알았다").

바울은 아브라함이 믿음으로 의롭다 하심을 받은 것에 대
해 로마서 4장 3절에서는 창세기 15장 6절과 관련짓고, 로마서
4장 22절에서는 창세기 22장 12절과 관련지은 바 있다. 아브라
함이 죽은 자의 부활을 믿었다고 하는 것은 창세기 22장 5절,
"나와 아이는 저리로 가서 예배하고 우리가 너희에게로 돌아오
겠다"라고 한 말에 나타나 있다. 이와 관련해 히브리서 기자는
"아브라함은 하나님께서 죽은 자들도 다시 살리실 수 있다고 생
각하였다. 비유로 말하자면, 그가 이삭을 죽은 자들로부터 돌려
받은 것이다"(히 11:19)라고 하였고, 바울도 아브라함이 하나님이
죽은 자를 살리실 것을 믿었다고 했고(롬 4:17), 그 믿음을 하나님
이 의로 여기셨다고 말한 바 있다(롬 4:22).

아브라함이 하나님을 믿고 신뢰하여 순종함으로 하나님이 그와 언약을 맺으시고 그를 의롭다 하시어 바른 관계, 서로 비스듬히 기대고 의지하는 사랑의 관계를 맺으셨던 것이다. 뿐만 아니라 하나님은 "네 씨 안에서 땅의 모든 민족이 복을 얻을 것이다"(창 22:18)라고 말씀하심으로 아브라함의 복이 그리스도 예수 안에서 이방인들에게 미치게 하고자 하셨다(갈 3:14). 이것이 바로 하나님 앞에서 아브라함의 효, 곧 하나님과 아브라함 사이의 조화(harmony)이다.

야곱의 효

이삭과 요셉의 경우는 부모 앞에서 행해진 효와 관련하여 다루고(이 책 3장 참조), 야곱의 경우는 하나님 앞에서 행해진 효와 관련지었다. 호세아 선지자의 말에 의하면, 야곱은 모태에서 나올 때부터 악하여 형의 발뒤꿈치를 잡음으로 살인 미수죄를 범했는가 하면, 어른이 되어서는 얍복 나루에서 하나님과 힘을 겨루었다(호 12:3). 그래서 영어로, "At Jabbok, Jacob jacobed"(야곱이 얍복 나루에서 씨름했다)라고 하기도 한다.

이렇게 모태에서 나올 때부터 악한 야곱을 하나님은 태어나

기도 전에 사랑하시어(말 1:2-3; 롬 9:13) 쌍둥이 형 에서보다 앞세워 장자로 삼으셨다(창 25:23하). 하나님이 이미 야곱을 예정하셨던 것이다(롬 9:10-11).

쌍둥이 형 에서는 장자권을 가볍게 여길 만큼 세속적이었고(창 25:32-34), 도덕적으로도 헷 사람의 딸들과(창 26:34) 이스마엘의 딸을 아내로 삼을 만큼(창 28:9) 음란하였다. 그래서 히브리서 기자는 에서를 가리켜 세속적이고 음란한 자라고 했다(히 12:16).

여호와 하나님은 자기가 예정하고 사랑하여 택한 야곱이 태어날 때부터 어른이 되어서까지도 악했기 때문에, 그를 혹독하게 연단시키지 않으시면 안 되었다. 그래서 야곱이 아버지 이삭에게서 염소 고기 한 대접으로 장자권을 얻어 낸 사건이 있게 되었을 때(창 27:26-29) 하나님은 야곱을 부모를 떠나 멀리 어머니의 고향 밧단아람으로 보내셨다(창 28:2-5).

야곱은 밧단아람으로 가던 길에 한곳에 이르러 밤에 돌을 베개 삼고 누워 자다가 꿈을 꾸었다. 꿈에 보니 한 사다리가 땅에서 하늘에 그 꼭대기가 닿았고, 그 사다리, 곧 중보자이신 인자 위에 하나님의 천사들이 자유롭게 오르내리고 있었다(창 28:11-12; 요 1:51). 사다리 꼭대기를 야곱이 보던 순간 여호와께서 그 위에 서서 말씀하셨다. 땅의 모든 민족이 너와 네 후손 안에서 복을 받을 것이고, 여호와께서 야곱과 항상 함께하겠다는 놀라운 언약의 말씀이었다(창 28:14-15). 야곱은 너무도 감격스러웠다. 자기가 돌을 베개 삼아 누웠던 그 누추한 곳이 바로 하나님이 임재하신 성전이요, 하늘의 문이었다. 그래서 그곳 이름을 '벧엘'('하나님의 집')이라 하였다(창 28:17-19).

꿈에 환상 가운데 하나님의 언약의 말씀을 받았던 야곱은 그 엄청난 감동을 안고서 밧단아람에 도착하였다. 그가 밧단아람에 이르렀을 때 그를 가장 먼저 맞아 준 사람이 바로 외삼촌 라반의 딸 라헬이었다. 라헬이 예쁘고 보기에도 아리따웠던 까닭에 야곱은 라헬과 사랑에 빠졌다(창 29:17-18). 라헬과의 사랑에 눈이 먼 야곱을 외삼촌 라반이 철저하게 속이고 이용해 먹었다(창 31:7). 하나님은 거짓된 라반을 통하여 거짓되고 정욕적인 야곱을 연단시키셨다(참고, 창 31:40-42).

20년의 힘겨웠던 처가살이를 마무리할 무렵 벧엘의 하나님이 야곱에게 나타나 처자식들과 하나님이 모아 주신 소 떼와 양 떼를 데리고 고향으로 돌아가라고 말씀하심으로 야곱은 밧단아람을 떠나 아버지가 계신 곳으로 향하게 되었다(창 31:13-18). 고향을 향해 오던 길에 하나님의 천사들, 곧 하나님의 군대(히, 마하나임)가 그를 만나 응원하고 힘이 되어 주었다(창 32:1-2). 그러나 야곱은 20년 전 살기에 찼던 쌍둥이 형 에서에 대한 두려움 때문에(창 32:6-7) 인간적인 방법으로 에서의 마음을 달래려고 선물을 준비했다(창 32:13).

약삭빠른 야곱은 여전히 두려움에 사로잡혀 있으면서도 자기가 모은 재산을 잃지 않으려고 얍복 나루에 홀로 남아 있다가 하나님의 천사와 악착같이 힘을 겨루었다. 그는 환도뼈가 탈골되고 나서야 하나님 앞에서 울면서 회개하는 듯했다(창 32:22-25; 호 12:4). 야곱은 하나님께 자기가 거짓된 자인 것을 시인하였다(창 32:27, "야곱입니다"). 그래서 하나님은 야곱이 진짜 새사람이 되기를 바라셔서 이름을 '이스라엘'로 바꿔 주셨으나(창 32:28), 그 새 이름으로 야곱을 불러 주지 않으셨고, 하나님께 이름을 묻는 야곱에게 자기 이름을 알려 주지 않으셨다(창 32:29).

하나님의 은혜로 야곱은 두려움 없이 형 에서를 감격스럽게 만났다(창 33:4). 야곱은 편안하게 에서에게 말했다. "제가 형님의 얼굴을 보는 것이 마치 하나님의 얼굴을 보는 것 같습니다. 형님도 저를 받아 주셨으니, 부디 제가 형님께 가져온 저의 복을 받으십시오"(창 33:10-11).

야곱은 형 에서를 여전히 신뢰하지 않았던 까닭에 함께 아버지 이삭에게로 가자는 형의 제안을 속임수를 써서 거절했다(창 33:12-14). 그는 아버지 이삭을 향하여 걸음을 재촉하는 대신, 숙곳이라는 곳에 자기를 위해서 집을 짓고 자기 가축 떼를 위하여 우릿간을 지었다(창 33:17). 그리고 나서 가나안 땅 세겜에 이르러서는 아예 밭까지 구입하여 그곳에 정착할 생각으로 장막도 쳤다(창 33:18-19). 그러면서도 한 가닥 믿음이 있어서 거기에 제단을 쌓고, 하나님이 자기에게 주신 새 이름을 넣어 그 제단을 '엘 엘로헤 이스라엘'('하나님, 이스라엘의 하나님')이라고 불렀다.

야곱의 불신앙을 인하여 그의 딸 디나가 세겜의 통치자에게 강간을 당하는 일이 생겼고(창 34:1-2), 그 사건을 수습하는 과정에서 야곱의 아들들, 곧 시므온과 레위가 통치자 세겜뿐 아니라 세겜 사람들을 살해하는 끔찍한 일이 생겼다(창 34:25-26). 곤혹스럽게 된 야곱을 하나님이 찾아 주셔서 그가 처음 하나님께 제단을 쌓았던 벧엘로 올라가라고 말씀하셨다(창 35:1). 야곱은 이제 진짜로 하나님 앞에서 회개하게 되었다. 자기뿐 아니라 모든 가족과 종들까지 이방 신들을 제거하고, 자신들을 정결케 하며, 옷도 갈아입었다(창 35:2-5).

야곱이 벧엘에 이르러 제단을 쌓자 하나님은 그에게 다시 나타나셨다. 이름을 야곱에서 이스라엘로 고쳐 주셨을 뿐 아니라 새 이름을 불러 주셨고, 자기의 이름을 아브라함에게 알려 주신 대로 '전능하신 하나님'(히, 엘 샤다이)으로 알려 주기까지 하셨다(창 35:10-11). 창세기 32장 얍복 나루에서는 새 이름을 야곱에게 주기만 하시고 불러 주지는 않으셨고, 하나님이 자기 이름을 알려 주지 않으셨었다.

이렇게 온전히 새사람으로 변화된 야곱은 하나님의 깊은 뜻을 헤아려 요셉의 두 아들 에브라임과 므낫세를 축복하였고(창 48:14), 열두 아들들도 그들을 향한 하나님의 계획과 뜻을 따라 축복하며 기도해 주었다(창 49:1-27). 그리고 죽었다(창 49:33).

야곱은 본래 악하고 거짓되었으나, 하나님의 은혜와 사랑을 입었던 까닭에 하나님께 철저하게 연단을 받아 하나님 앞에서 성결하게 되고 영적으로 눈이 밝아져(참고, 창 48:19) 자기의 자녀들을 축복하며 기도할 수 있게 되었다. 이로써 그의 열두 아들들이 이스라엘 열두 지파의 조상이 될 수 있게 한 것이다. 야곱이 이 같은 믿음으로 성결케 되어 영적 눈이 밝아져 자녀들을 축복하여 하나님 나라의 문으로 세운 것(참고, 계 21:12, "새 예루살렘의 열두 문")이 바로 하나님 앞에서 행한 그의 효이다.

욥의 효

/

욥은 순전하고 정직하며 하나님을 경외하고 악을 멀리한 사람이었기에(욥 1:1), 하나님은 사탄에게도 욥의 인격을 칭찬하셨다(욥 1:8). 사탄은 하나님의 허락을 받아 욥을 궁지로 몰아넣어 욥의 재산과 종들의 생명까지 빼앗았는가 하면(욥 1:13-17), 욥의 자녀들까지 광풍에 집이 무너져 생명을 잃게 했다(욥 1:18-19). 이 모든 일에도 불구하고 욥은 어리석게 하나님을 원망하지 않았다(욥 1:22). 사탄 마귀가 하나님을 부추겨서 까닭 없이 욥을 해쳤지만, 욥은 여전히 자기의 온전함을 지켰던 것이다(욥 2:3).

그러자 사탄은 하나님을 또 부추겨서 허락을 받아 욥의 발바닥부터 머리끝까지 악창이 번지게 하였다. 옆에서 지켜보던 그의 아내가 하나님을 저주하고 죽어 버리라고 윽박질렀다(욥 2:7-9). 그래도 욥은 자기가 하나님께 복을 받았으니 재앙을 받는 것도 괜찮다며 입술로 죄를 짓지 않았다(욥 2:10).

욥에게 닥친 재앙을 듣고 욥을 위문하고 위로하러 온 세 명의 친구들은 욥의 고통이 너무 큰 것을 보고 처음에는 아무 말도 하지 않았다(욥 2:11-13). 시간이 조금 지나, 욥이 입을 열어 자기의 생일을 저주하는 말을 한 것을 계기로 세 명의 친구들과 욥 간에 말씨름이 시작되었다(욥 3:1). 욥의 세 친구들의 일관된 주장에 의하면, 악을 갈고 재앙을 뿌리는 자는 그대로 악과 재앙을 거두며, 죄를 범하고 정직하지 않은 자가 망한다는 것이었다(욥 4:7-8). 사람은 누구나 의롭거나 깨끗하지 못하기 때문에 망하는 것이 당연하다는 논리, 즉 인과응보의 논리였다. 욥이 지금 재앙을 당하고 있는 것은 그가 드러나지 않았으나 큰 죄를 범했기 때문이라는 것이었다. 이에 욥은 "내가 무엇을 잘못했는지 나로 깨닫게 하고, 가르쳐 달라"(욥 6:24)고 친구들에게 자기의 의로움을 내세우는가 하면, 너무 고통스러워 삶이 너무 지겹고 힘들어 살고 싶지 않다고까지 말하며 괴로워했다(욥 7:16).

욥의 다른 친구는 욥의 자녀들이 주께 죄를 지었기 때문에 그들의 잘못으로 인하여 주님께 버림받았다고도 했다(욥 8:4). 이에 대하여 욥은 자신이 순전한데도 악인과 함께 재앙을 당하고 있다고 강변했다(욥 9:22). 그는 자기가 악하지 않다는 것을 주님이 아신다고도 했다(욥 10:7).

또 다른 욥의 친구는 욥에게 자기 손에 있는 죄악을 멀리 버려 불의가 그의 집에 자리 잡지 못하게 하라고 권했다(욥 11:14). 이에 욥은 의롭고 순전한 자가 이웃에게 조롱거리가 되었다고 반박했다(욥 12:4). 그리고 욥은 기도하기를, "저의 허물과 죄를 제게 알리소서"(욥 13:23)라고 했다. 하나님이 자기의 순전함을 아실 것으로 욥은 믿었다(욥 31:6).

욥이 스스로 계속해서 자신의 의로움을 주장함으로 인하여 그의 세 친구들은 말씨름하기를 그만두었다. 이에 자신의 의로움을 주장하는 욥과 그 욥을 무조건 정죄하는 친구들에 대하여 엘리후가 진노하여 책망하였다(욥 32:1-5). 엘리후는 욥에게 책망하기를, 욥이 하나님보다 의로울 수 없고, 욥의 의는 사람에게나 유익이 될 뿐이라고 일러 주었다(욥 35:7-8). 그러면서 엘리후는 하나님의 위대하신 권능을 자세하게 열거하며 욥에게 생각해 보라고 권면했다(욥 36:24, 37:14). 욥은 엘리후가 들려준 하나님의 놀라운 일들로 인하여 회개하며 말했다. "제가 주께 대하여 귀로만 들었으나 이제는 저의 눈이 주님을 뵙습니다. 그러므로 제가 스스로 부끄럽게 여기고 티끌과 재 위에서 회개합니다"(욥 42:5-6).

마침내 욥이 자기 친구들을 용서하며 위하여 기도하자 여호와께서는 욥의 기도를 기쁘게 받아 주셨고, 욥의 곤경도 돌이켜 주셨으며, 욥에게 이전보다 더 복을 주셨다(욥 42:10).

이렇듯 욥은 하나님 앞에서 겸손해져 회개하고 친구들을 위해서 기도함으로 하나님과 더 깊은 교제를 회복하였는데, 이것이 하나님 앞에서 행한 욥의 효이다.

다윗의 효

다윗은 베레스의 족보에서 다말과 라합과 룻으로 이어진 여자의 후손(룻 4:18-22; 마 1:3-6)으로, 예수 그리스도의 계보에서 예수님이 다윗의 후손이시다. 다윗에게 약속하신 때가 차매 예수님이 여자에게서 태어나셨다(갈 4:4). 이로 보건대, 하나님의 구속

역사에서 다윗은 아브라함과 함께 가장 중요한 인물이다(참고, 마 1:1, "예수 그리스도는 다윗의 자손이고 아브라함의 자손이다").

아말렉과의 전쟁에서 사울이 범죄함으로 여호와께서 사울을 왕으로 세운 것을 후회하셨다(삼상 15:11, 35). 이에 사무엘은 어쩔 수 없이 사울과 단교하고(삼상 15:35) 하나님의 뜻에 따라 다윗에게 기름을 부어 사울을 대신하도록 세웠고, 하나님의 영이 다윗에게 강하게 임하셨다(삼상 16:13). 성령으로 충만한 다윗은 악령에게 괴롭힘을 당하고 있던 사울을 위해 수금을 연주하여 사울의 상태가 좋아지게 했고 악령이 그에게서 떠나게 했다(삼상 16:23).

성령으로 기름 부음을 받은 다윗은 목장에서 양 떼를 치면서 사자나 곰과 싸웠던 경험과 여호와의 이름의 권세를 믿는 믿음으로 블레셋의 거인 장수 골리앗을 물리침으로 살아 계신 하나님을 높이고 하나님께 영광을 돌리며, 이스라엘의 왕으로서 충분한 자질이 있음을 드러내 보였다(삼상 17:36-37, 49-54). 이것이 계기가 되어 사울의 아들 요나단의 마음이 다윗의 마음과 결속되어 요나단이 그를 자기의 생명처럼 사랑하여 다윗과 언약을 맺고, 자기 겉옷과 군복과 칼과 활과 허리띠까지 다 다윗에게 주었다(삼상 18:1-4, 20:16-17).

블레셋 사람들과의 전쟁에서 사울과 그의 아들 요나단이 죽자, 유다 사람들이 먼저 다윗에게 기름을 부어 유다 왕으로 삼았고(삼하 2:4), 7년 6개월 후 북쪽 이스라엘 사람들도 다윗을 왕으로 세웠다(삼하 5:3-5). 여호와 만군의 하나님이 다윗과 함께 계심으로 다윗은 점점 강성해졌다(삼하 5:10). 여호와의 언약궤가 다윗성으로 옮겨 온 후(삼하 6:16), 여호와 하나님은 나단 선지자를 통해 다윗에 대한 하나님의 언약의 말씀을 선포해 주셨다. 여호와 하나님이 다윗을 자기 백성 이스라엘의 주권자로 삼고 다윗이 어디를 가든지 여호와께서 그와 함께 있어 모든 원수를 멸절시켜 주겠다고 하셨다(삼하 7:8-9). 그리고 여호와께서 다윗 왕국의 보좌를 영원히 견고하게 하고, 그분은 다윗의 아버지가 되고 다윗은 하나님의 아들이 될 것이라는 언약을 선포해 주셨다(삼하 7:13-14). 이로써 다윗이 어디를 가든지 여호와께서 이기게 하셨고, 그는 온 이스라엘을 정의와 공의로 40년간 다스렸다(삼하 8:14-15; 참고, 삼하 5:4).

권세가 절정에 이르면 꺾이고 내리막길로 접어들게 되는 바, 다윗도 예외는 아니었다. 다윗은 이스라엘 군대의 최고 사령관으로서 출전할 때가 되었으나, 수하에 있던 장수들만 보내고 자기는 예루살렘 왕궁에 머물러 있으면서 한가하게 낮잠을 즐겼다. 낮잠을 실컷 자고 난 다윗은 지붕 위를 걷다가 목욕하는 여자를 발견하고 아름다운 몸매에 유혹되어 간음을 행하였다. 그는 수하 장수 우리아의 아내를 빼앗고서, 그것으로도 부족하여 우리아를 전쟁터에서 전사하게 만들었다(삼하 11:1-5, 15-17). 다윗이 행한 이 일이 여호와께서 보시기에 심히 악했다(삼하 11:27). 그는 여호와의 말씀뿐 아니라 여호와를 업신여겼던 것이다(삼하 12:9-10).

이 악한 죄악으로 인하여 여호와께서 나단 선지자를 다윗에게 보내어 그를 책망하셨다(삼하 12:7-12). 이에 다윗이 회개하며 나단 선지자에게 말하기를, "내가 여호와께 죄를 지었습니다"(삼하 12:13)라고 하였다. 뿐만 아니라 다윗은 온종일 신음하며 그의 진액이 여름철 가뭄같이 메마를 정도로 회개하고(시 32:3-4), 밤마다 눈물로 침대를 띄우고 자기의 잠자리를 적셨으며, 슬픔 때문에 눈이 흐려졌다(시 6:6-7). 다윗이 크게 신음하므로 뼈가 살에 붙었다(시 102:5).

그는 이렇게 통회하며 기도했다. "하나님이시여, 주님의 인애와 은혜와 긍휼을 따라 내 죄과를 지우소서. 나의 악을 깨끗이 씻어 주시고 나의 죄에서 나를 정결케 하소서. 내가 내 죄과를 아니 내 죄가 항상 내 앞에 있습니다. … 우슬초로 나를 정결케 하소서. … 내 안에 깨끗한 마음을 창조하시고 … 주님의 성령을 내게서 거두지 마소서"(시 51:1-3, 7, 10, 11).

이같이 다윗이 통회하고 죄를 자백하자 하나님은 나단 선지자를 통해서 죄 용서를 선포하셨다(삼하 12:13, "여호와께서도 왕의 죄를 용서하셨습니다"). 이에 다윗은 깊이 감사하며 기도하기를, "허물을 용서받고 죄가 가려진 사람은 행복하다"(시 32:1)라고 하였다. 바울은 다윗의 회개 기도를 인용하여, 아브라함이 믿음으로 의롭다 하심을 받은 것처럼 다윗은 회개함으로 의롭다 하심을 받았다고 하였다(롬 4:5-8).

다윗은 하나님 앞에서 자기의 죄를 회개하고 받은 용서를 통해 하나님께 의롭다 하심을 받아 하나님과 바른 관계를 회복함으로 하나님 앞에서 효를 행한 것이다.

선지자들

구약 시대에 활동한 많은 선지자 가운데서 다윗 이전의 모세와 사무엘, 그리고 다윗 이후의 엘리야, 이사야, 예레미야, 에스겔, 다니엘이 하나님 앞에서 행한 효를 살펴보았다. 다윗 이후의 선지자들은 편의상 유다 왕국 멸망 이전의 엘리야와 이사야, 그리고 이후의 예레미야, 에스겔, 다니엘로 나누었다.

모세와 사무엘의 효

모세는 레위 지파였던 아므람과 요게벳의 아들로 태어날 때부터 준수하였고, 애굽에서의 히브리인들의 불행한 역사로 인하여 애굽 바로왕의 공주의 아들로 40년간 살아야 했다. 그는 공주의 아들로서 애굽의 모든 학문을 익힘으로 지도자로서 자질과 덕목을 갖출 수 있었다(행 7:21-22). 40세가 되자 모세는 하나님이 아브라함과 맺으신 400년 전의 횃불 언약을 기억하고서 바로왕의 공주의 아들의 신분과 권세를 포기하고 하나님의 백성과 함께 고난을 받고 그리스도를 위하여 받는 능욕을 애굽의 보화보다 더 값진 것으로 여겨(히 11:24-26) 이스라엘 백성을 애굽에서 인도해 내는 데 헌신하게 되었다.

모세는 이스라엘 백성의 해방자요 통치자요 선지자였다(행 7:35-38). 그는 하나님의 권능을 힘입어 애굽에서 재앙을 내리고, 마침내 유월절 어린양의 피로 이스라엘 백성을 애굽에서 해방시켜 홍해를 건너 미디안 광야, 곧 아라비아 북부의 시내 광야로 인도해 냈다. 그는 이스라엘 백성의 해방자였다. 그리고 미디안 광야에서 40년간 이스라엘 백성을 다스린 통치자였다.

모세는 해방자요 통치자였지만, 권세 있는 말씀을 전하는 선지자였다. 여호와께서는 사람이 자기 친구에게 말하듯이 모세와 대면하여 말씀하셨고(출 33:11), 입과 입을 마주하고서 말씀하셨다(민 12:8). 여호와께서는 얼굴을 마주하여 모세를 아셨다(신 34:10). 그래서 모세는 하나님에게서 살아 있는 말씀을 받아서 자기 백성에게 주었던 것이다(행 7:38).

모세는 이스라엘을 애굽에서 해방시켜 냄으로써 그들이 하나님의 소유 된 백성, 제사장 나라, 거룩한 민족이 되어(출 19:5-6), 하나님의 영광으로 충만한 성막에서 희생 제물을 드림으로 하나님과 교제하며 예배하는 자리에 나아가 하나님의 영광을 보며 즐거워할 수 있게 하였다(출 40:34-38). 모세는 이스라엘 백성이 광야에서 훈련을 잘 견딜 수 있게 물이 나는 반석(출 17:6; 고전 10:4), 하늘에서 내려온 빵인 만나(출 16:31; 요 6:35), 장대에 달린 구리 뱀(민 21:8; 요 3:14-15) 등을 통해 메시아를 바라볼 수 있게 하였다.

모세보다 연대상 약 500년 뒤에 태어난 사무엘은 엘가나와 한나의 아들로서 사사 시대를 마무리한 선지자였다. 사람마다 자기 보기에 좋은 대로 함부로 행하던 시대인지라(삿 21:25), 제사장 엘리는 육체적으로뿐 아니라 영적으로도 눈이 어두웠고(삼상 3:2) 그의 아들들은 불량자들로서 여호와를 알지 못했다(삼상 2:12). 그 아들들은 여호와의 제물을 멸시하였고 회막에서 일하는 여자들을 성적으로 농락했는데도(삼상 2:17, 22), 아버지인 제사장 엘리는 아들들을 엄하게 다스리지 않고 여호와 하나님보다 아들들을 더 중하게 여겼다(삼상 2:29).

이렇듯 사무엘이 태어나던 시기는 영적으로, 도덕적으로 극심하게 부패하고 타락하여 여호와의 말씀이 희귀하고 환상도 거의 없었다(삼상 3:1). 이 같은 어두운 시기에 사무엘은 여호와 앞(삼상 2:21) 여호와의 언약궤가 있는 여호와의 성전에서 자랐다(삼상 3:3). 여호와 앞에서 행하던 사무엘에게 여호와께서는 여호와의 말씀으로 자신을 나타내셨고(삼상 3:4, 21), 사무엘은 "여호와시여, 말씀하소서. 주님의 종이 듣고 있습니다"(삼상 3:10) 하며 말씀을 들었다. 사무엘이 성장해 가는 동안, 여호와께서 그와 함께하심으로 그는 하나님과 사람들에게 더욱 사랑을 받았고(삼상 2:26), 하나님은 여호와의 모든 말씀 가운데 하나라도 땅에 떨어지지 않게 하셨다(삼상 3:19).

사무엘은 이스라엘 백성이 여호와만을 섬기게 하고(삼상 7:4), 여호와 앞에서 금식하며 죄를 회개하게 할 뿐 아니라(삼상 7:6), 자신은 쉬지 않고 기도하여(삼상 7:5) 하나님의 도우심으로 미스바에서 블레셋 사람들을 물리쳤다(삼상 7:10). 이로써 사무엘이 살아 있는 동안 에벤에셀 하나님 여호와의 손이 블레셋 사람들을 막으셨다(삼상 7:13). 그래서 이스라엘은 평화를 누렸다(삼상 7:14).

이스라엘 백성이 왕을 세워 달라고 요구한 까닭에(삼상 8:5) 사무엘은 왕의 제도를 알려 주고(삼상 8:11-18, 10:25) 사울을 이스라엘의 첫 번째 왕으로 세웠다(삼상 10:1, 11:14-15). 그러나 사울이 여호와께 범죄하자 여호와께서 사울을 이스라엘의 왕으로 삼은 것을 후회하시므로(삼상 15:35), 사무엘은 다윗에게 기름을 부어 사울을 대신하도록 하였다(삼상 16:13).

선지자 모세와 사무엘은 하나님의 말씀의 사람들로서 여호와 하나님의 언약을 늘 기억하고 살았다. 하나님의 살아 있는 말씀을 백성에게 하나도 빠뜨림 없이 전하였고, 그 말씀대로 백성을 다스렸다(참고, 삼상 12:23-25). 여호와께서 친구처럼 대면하여 말씀을 주시고(출 33:11; 민 12:8; 신 34:10), 여호와의 말씀으로 자신을 계시하심으로(삼상 3:21) 모세와 사무엘은 오직 여호와의 말씀으로 삶으로써 하나님 앞에서 효를 행할 수 있었다.

엘리야와 이사야의 효

'여호와는 나의 하나님'이라는 뜻의 이름을 가진 엘리야는 북이스라엘의 아합왕 시대에 활동했다. 아합의 아버지 오므리가 여호와께서 보시기에 악을 행하되, 이전에 있었던 그 어느 누구보다도 더욱 악하여 바알을 숭배함으로 여호와 이스라엘의 하나님을 격노케 하였는데(왕상 16:25-26), 아합은 그의 아버지 오므리보다 더욱더 악하였다(왕상 16:30). 그는 여로보암의 범죄를 오히려 가볍게 여기고 시돈 왕 엣바알의 딸 이세벨과 결혼하여 철저하게 바알을 위해 제단을 쌓고 경배하며(왕상 16:31-33), 바알을 섬기는 거짓 선지자 450명과 아세라를 섬기는 400명의 거짓 선지자들을 양성하였다(왕상 18:19). 그리고 이세벨은 여호와의 선지자들을 죽였다(왕상 18:13).

아합과 이세벨의 바알 숭배 정책에 맞서 엘리야는 아합의 궁내 대신 오바댜의 도움을 받아 사무엘이 시작했던 여호와의 선지 학교를 유지하는 가운데 100명의 여호와의 선지자들을 양육하였다(왕상 18:3-4). 엘리야가 갈멜산에서 850명의 거짓 선지자들과 대결하여 이기자 이스라엘 백성이 거짓 선지자들을 죽였다(왕상 18:40). 엘리야는 여호와의 영과 능력을 힘입은 선지자였다(왕상 18:46; 왕하 2:9; 참고, 눅 1:17).

아합이 죽은 후 뒤를 이어 왕이 된 아하시야가 다락방 난간에서 떨어져 병이 들어 죽자, 아하시야에게 아들이 없었던 까닭에 여호람이 뒤를 이어 왕이 되었는데, 그때 남쪽 유다 왕국의 왕 또한 이름이 같은 여호사밧의 아들 여호람이었다. 북이스라엘과 남유다가 정략적으로 결혼했는데, 북이스라엘의 아합과 이세벨의 딸 아달랴가 남유다 왕국 여호람의 아내가 되고, 북과 남의 두 왕의 이름마저 동일하게 지어 불렀던 것이다. 이렇듯 이름마저 같은 두 여호람이 바알을 숭배함으로 남북 왕조가 다 같이 여호와 하나님을 크게 격노케 하였다. 이같이 우상 숭배가 절정에 달했던 때에 성령과 능력의 선지자 엘리야가 거짓된 바알 선지자들과 숭배자들을 대적하여 싸웠고, 그는 회오리바람 가운데 하늘로 올라가기 전 엘리사에게 두 몫의 성령이 임하시도록 하여 그의 후계자로 세웠다(왕하 2:1-18).

여호람의 4대 손자 웃시야가 죽던 해에 '여호와는 구원이시다'라는 뜻의 이름을 가진 이사야가 선지자로 부르심을 받았다(사 6:1). 이사야 시대에는 북이스라엘의 아합과 이세벨, 남유다의 여호람과 아달랴가 다스리고 있었는데 이세벨과 아달랴 모녀가 합력하고 합심하여 바알을 숭배하던 것이 시간이 흐르면서 더욱 심화되었다.

이사야 시대에는 사람들이 소나 나귀만도 못하여 여호와 하나님을 알지 못하고, 오히려 여호와를 버리고 멸시하며 배반했다(사 1:2-4). 소돔과 고모라처럼 부패하여(사 1:10) 지도자 된 자들은 도둑의 친구들이고, 모두가 뇌물을 좋아하고, 돈 없는 고아나 과부를 멸시했다(사 1:23). 이 지도자들은 가난한 자들의 포도원을 빼앗고 짓밟았다(사 3:14-15). 이 지도자들의 여자들은 호화스럽고 사치스러우며 부패하고 타락했다. 젖가슴과 하체가 드러나는 옷을 입고, 귀 고리, 팔찌, 머리띠, 발목 장식, 코 고리,

발찌, 모자, 목도리, 허리띠, 반지, 향수병, 부적, 지갑, 손거울, 고운 베옷, 머리 수건, 너울 등으로 몸단장을 하였다(사 3:16-23). 돈 있는 남자들은 밤늦도록 독주와 포도주에 취하고 수금과 비파를 즐기며 여호와께서 행하신 일에는 전혀 관심이 없었다 (사 5:11-12). 그래서 정의(히, 미쉬파트) 대신에 살육(히, 미쉬파흐)이 자행되고, 공의(히, 체다카) 대신에 울부짖음(히, 체아카)이 그 땅에 울려 퍼졌다.

이같이 부패하고 타락한 때에 하나님의 부르심을 받은 선지자 이사야는 자기 백성을 향하여 회개하고 공의와 정의를 행할 것을 호소했다(사 1:16-21). 그리고 메시아를 집중적으로 예언하였다. "처녀가 잉태하여 아들을 낳을 것이며 그의 이름을 임마누엘이라 부를 것이다"(사 7:14). "한 아기가 우리를 위하여 태어났고, 한 아들을 우리에게 주셨는데 … 그 이름은 위대한 상담자라, 전능한 하나님이라, 영존하시는 아버지라, 평강의 왕이라 불릴 것이다. … 그의 통치력은 확대되고 … 다윗의 보좌에 앉아서 … 지금부터 영원까지 정의와 공의로 그것을 보존할 것이다"(사 9:6-7). "내가 붙드는 나의 종, 내 마음이 기뻐하는 내가 택한 사람을 보아라. 내가 내 영을 그 위에 두었으니, 그가 민족들에게 정의를 베풀 것이다"(사 42:1).

"그는 연한 순 같아서 고운 모양도 없고 흠모할 만한 아름다운 것이 없다. 그는 멸시를 당하고 사람들에게 버림받았으며, 병고를 아는 사람이라. … 그가 찔린 것은 우리의 허물 때문이며, … 그가 채찍에 맞음으로 우리가 고침을 받았다. … 여호와께서 우리 모두의 죄를 그에게 넘겨씌우셨다. … 내 의로운 종이 그들의 죄를 친히 짊어질 것이다. … 그가 자기 영혼을 버려 사망에 이르게 하며, 범죄자로 취급되었으나 실상은 그가 많은 자들의 죄를 지고 범죄자를 위해 중보하였다"(사 53:2-6, 11-12). "주 여호와의 영이 내게 임하셨으니, … 가난한 자들에게 아름다운 소식을 전하게 하시려는 것이다. … 여호와의 은혜의 해와 우리 하나님의 복수의 날을 선포하며 애곡하는 모든 자들을 위로하게 하시고"(사 61:1-2).

엘리야는 여호와의 성령과 능력을 힘입어 바알 숭배자들을 대적하였고, 이사야는 부패하고 패역한 시기에 공의와 정의를 촉구하며 메시아를 집중적으로 예언함으로써 하나님 앞에서 효를 행했다.

예레미야와 에스겔과 다니엘의 효

이사야 선지자는 북쪽 이스라엘 왕국이 앗수르에게 패망하던 때(주전 722년) 활동했고, 예레미야는 남쪽 유다 왕국이 멸망하던 때(주전 588년경) 활동했으며, 에스겔과 다니엘은 유다 왕국이 멸망하여 바벨론으로 포로로 잡혀갔던 때 활동했다.

예레미야는 자기 유다 민족의 죄악 때문만 아니라 앞으로 곧 임할 하나님의 확실한 심판을 인하여 가슴이 너무 아파 울었다(렘 9:1, 13:17). 다른 거짓 선지자들이 평안을 선포한 것과는 다르게, 그는 자기 민족에게 오해를 받으면서도 바벨론에게 멸망되어 포로로 잡혀가게 될 것을 고독하게 예언하였다(렘 27:6-11, 28:1-4).

유다 왕국의 멸망을 결정적으로 재촉한 왕은 므낫세였다. 그는 약 55년간 통치하면서 아합의 악한 소행을 본받아 바알과 아세라를 숭배했을 뿐 아니라 무죄한 자의 피를 심히 많이 흘렸다(왕하 21:3, 16, 24:4). 그의 뒤를 이어 여호아하스, 여호야김, 여호야긴, 그리고 시드기야까지 여호와께서 보시기에 계속적으로 악을 행하였다(왕하 23:31-24:20). 이로써 결국은 바벨론 왕 느부갓네살에게 유다 왕국은 멸망을 당하여 예루살렘 성전과 왕궁과 중요한 모든 건물이 불탔고, 예루살렘 성벽도 무너졌으며, 4,600명의 백성이 포로로 잡혀갔다(왕하 25:8-11; 렘 52:13-15, 30).

이 같은 위기 가운데서 예레미야 선지자는 정의와 공의를 행하실 '한 의로운 가지', 곧 '여호와 우리의 의'(히, 여호와 치드케누)

이신 메시아를 예언하고(렘 23:5-6), 바벨론 포로 기간이 70년이 될 것을 알려 주고(렘 25:11-12), 새 언약을 여호와께서 맺어 주실 것을 선포했다. "훗날 내가 이스라엘 집과 맺을 언약이 이러하니, 내가 내 율법을 그들 속에 두며 그것을 그 마음에 기록하여, 나는 그들의 하나님이 되고 그들은 내 백성이 될 것이다. 여호와의 말이다. … 내가 그들의 악함을 용서하여 다시는 그들의 죄를 기억하지 않을 것이다. 여호와의 말이다"(렘 31:33-34). 이 새 언약은 대제사장이요, 더 좋은 언약의 중보자이신 예수 그리스도에게서 성취되었다(히 8:6-13).

주전 597년 여호야긴왕과 함께 바벨론에 포로로 잡혀간 에스겔은 바벨론의 그발 강가 델아빕에서 지내면서 가정을 가지고 있었다(겔 1:1-3). 그는 본래 제사장이었다(겔 1:3). 그런 까닭에 하나님의 거룩하심에 늘 민감하여 죄에 대한 하나님의 준엄한 심판을 경고하였고, 또 선지자로서 하나님의 말씀에 충실하고 담대하였으나, 그는 백성들을 사랑하는 목자로서 하나님의 크신 사랑을 체험한 온화하고 부드러운 사람이었다.

에스겔 선지자는 여호와께서 유다 백성을 포로 되게 하신 일이 정당하다는 것을 선포하고, 그들의 죄 때문에 그들에게 재앙과 심판이 임한 사실을 깨우쳐 주었다(겔 36:17-19, 24-28). 그러면서도 에스겔은 이스라엘의 영광스런 회복을 선포했다.

그런 까닭에 에스겔은 말하기를, 여호와 하나님이 자기 백성을 버리지 않고 그들에게 다윗과 같은 한 선한 목자를 세우시고(겔 34:15-23, 37:24-25), 맑은 물로 그들을 정결케 하고 새 영과 새 마음을 주어 평화의 언약을 따라 그들의 하나님이 되시고(겔 36:25-28, 37:26), 하나님의 영광으로 충만한 곳에서 하나님이 참된 경배를 받게 되실 것이라고 했다(겔 43:2, 44:4, 48:35). 에스겔은 여호와 하나님의 본심은 악인이 죽는 것을 기뻐하지 않고 악인이 그 악한 길에서 돌이켜 떠나서 생명을 얻는 것이라 말하기도 했다(겔 18:23, 33:11).

주전 605년 다니엘은 에스겔보다 먼저 바벨론에 포로로 잡혀 갔다(단 1:1, 6). 여호와께서 다니엘과 세 친구들에게 지식을 주시고 모든 학문과 지혜에 능숙하게 하셨고, 특별히 다니엘에게는 모든 환상과 꿈을 깨달아 해석하는 지혜도 주셨다(단 1:17). 다니엘은 느부갓네살의 꿈을 해석해 준 일로 말미암아 바벨론의 모든 지혜자의 우두머리가 되어 왕궁에서 머물게 되었고(단 2:48), 후에는 메대 사람 다리오왕과 바사 사람 고레스가 통치하는 동안에도 고위 관리로서 형통하였다(단 6:28).

다니엘이 바벨론의 느부갓네살과 메대의 다리오 치하에서 고위 관리로 있으면서 몇 가지 결정적으로 위기에 처한 사건들이 있었다. 첫 사건은 다니엘과 그의 세 친구들이 왕실에서 제공한

영양가 높은 음식을 거절하고서 자신들을 그 음식으로 인하여 더럽히지 않고자 결심한 일이었다(단 1:8). 그들은 깨끗한 채소만을 먹고서도 다른 소년들보다 월등히 건강함으로 인해 위기를 면할 수 있었다(단 1:14-16). 하나님이 다니엘로 하여금 환관장의 인애와 긍휼을 얻게 해 주셨던 것이다(단 1:9).

두 번째 사건은 다니엘의 세 친구들이 느부갓네살왕이 세운 금 신상에게 절을 하지 않음으로 인하여, 왕을 존중하지 않고 또 왕의 신들을 섬기지 않았다는 죄로 맹렬히 불타는 용광로에 던져지는 위기를 맞게 된 것이었다(단 3:12, 19-23). 그 위기 가운데서 하나님이 그 세 친구들을 보호하시어 그들의 머리카락도 그슬리지 않고 겉옷도 상하지 않았으며 그들에게서 불에 탄 냄새조차 나지 않게 되어, 오히려 그 사건 때문에 세 친구들의 지위가 높아지게 되었다(단 3:27, 30). 느부갓네살은 칙령을 내려 여호와만이 살아 계신 참 하나님으로, 유일하게 불구덩이에서도 구원하실 수 있는 분으로 높이고 하나님을 대적하지 못하게 했다(단 3:29).

세 번째 사건은 다니엘이 메대 왕국의 다리오 치하에서 총리로 있던 때 일어난 일이다. 다리오왕의 총리들과 총독들이 다니엘을 고소할 조건을 만들고자 왕 이외에 어떤 신이나 사람에게든 기도하는 자는 사자 굴에 던져 넣도록 하는 법령을 만들었다(단 6:5-7). 다니엘은 이 같은 법령이 제정된 것을 알고서도 오히려 보란 듯이 자기 집 다락방의 창문을 열고 이전에 하던 대로 하루에 세 번씩 정규적으로 무릎 꿇고 예루살렘을 향하여 하나님께 감사하며 기도했다(단 6:10). 이로 인하여 다니엘은 사자굴에 던져졌으나 여호와의 천사가 사자들의 입을 막으셨으므로 사자들이 다니엘을 해치지 못하였다(단 6:22). 이 사건이 계기가 되어 다리오왕이 칙령을 내려 모든 백성에게 다니엘의 하나님을 떨며 두려워하라 명했다(단 6:25-27).

이렇듯 다니엘은 여호와 하나님만이 역사의 주관자로서 인간 나라의 흥망성쇠를 임의로 주관하시고, 살아 계셔서 인간의 생명을 주관하신다는 것을 만천하에 드러내 보였다. 또한 다니엘은 환상 중에 '인자 같은 이'(a Son of Man)를 보았고, 그분의 왕국이 영원하고 결코 멸망치 않을 것을 보았다(단 7:13-14). 또한 예레미야의 서책에서 바벨론 포로 기간이 70년으로 끝나게 된다는 것을 알고서 금식하며 베옷을 입고 재 가운데서 여호와 하나님의 언약을 붙잡고 긍휼과 용서를 빌었다. "주님, 들어주소서. 주님, 용서하여 주소서. 주님, 귀 기울여 주시고 이루어 주소서. 나의 하나님, 주님을 위해서라도 지체하지 마소서"(단 9:19).

요약하자면, 예레미야는 유다 왕국이 바벨론에게 멸망될 위기 앞에서 우리의 의이신 새 언약의 중보자를 미리 보며 새 언약을 붙잡고 기도했고, 에스겔은 선한 목자, 영원한 화평의 언약과 새 성전과 성령의 역사를 기대하며 하나님께 자기 백성을 위하여 기도했고, 다니엘은 바벨론과 메대의 왕들 앞에서 여호와 하나님만이 유일한 하나님이심을 드러내고, 바벨론 포로 기간이 끝나게 될 것을 알고 하나님께 자기 백성을 용서해 주시기를 간절하게 기도했다. 세 선지자들은 중보자 그리스도 안에서 자기 백성을 위해 기도함으로 하나님 앞에서 효를 행했던 것이다.

하나님의 아들 예수님

예수 그리스도는 하나님의 아들이시자(마 16:16; 롬 1:4) 요셉과 마리아의 아들이시다(마 1:16, 13:55). 그분은 참 하나님이시면서(딛 2:13) 참 사람으로서(딤전 2:5) 하나님과 사람 사이에 유일한 중보자이시다(딤전 2:5). 예수님은 하나님의 아들로서 아버지 하나님 앞에서 효를 행하셨을 뿐 아니라 사람의 아들로서 특별히 어머니 마리아 앞에서도 효를 행하셨다.

베드로가 고백하고, 베드로의 믿음의 아들 마가가 밝히고, 사도 바울이 말한 대로 예수 그리스도는 하나님의 아들이시다(참고, 마 16:16; 막 1:1; 롬 1:4). 하나님의 아들이신 예수 그리스도는 본래 유일하시고(요 1:18) 참되신 하나님이시다(요일 5:20). 그분은 참되고 유일하신 하나님이시기에 아버지 하나님과 함께 창조주(요 1:1-3; 골 1:16)이시고, 함께 구주이시다(행 5:31; 벧후 1:1, 11). 아버지 하나님과 함께 만물을 창조하셨고, 함께 구원을 성취하시고 죄를 용서하신다.

그러나 예수 그리스도는 아들이기에 아버지의 뜻 행하기를 기뻐하여 순종하시되(시 40:8; 히 10:7) 십자가에서 자기 몸을 희생 제물로 내어 주시고 죽기까지 순종하셨다(빌 2:8). 그분은 하나님의 말씀을 하나라도 빠짐없이 다 이루기까지 순종하셨다. 그래서 예수님은 말씀하셨다. "내가 율법이나 선지자를 폐하러 온 줄로 생각하지 마십시오. 내가 폐하러 온 것이 아니라 성취하러 왔습니다. 내가 진정으로 여러분에게 말하오니, 하늘과 땅이 없어지기 전에는, 모든 것이 이루어지기까지 율법의 한 점 한 획도 결코 없어지지 않을 것입니다"(마 5:17-18). 예수님은 십자가에 못 박혀 달려 죽음을 목전에 둔 순간에도 성경이 이루어지게 하려고 말씀하시기를, "내가 목마르다"고 하셨다(참고, 시 69:21; 요 19:28-29).

예수님은 하나님의 아들로서 십자가에서 대속 제물로 자신을 드림으로 아버지께 영광을 돌리시고(요 17:1), 아버지께서 그에게 행하라고 주신 일을 완성하여 이 땅에서 아버지께 영광을 돌리셨다(요 17:4). 아버지께서 자기에게 주신 사람들에게 아버지의 이름을 나타냄으로 아버지께 영광을 돌리셨고(요 17:6), 또한 아버지께서 자기에게 주신 자들을 아버지의 이름으로 지켜 보호하여 하나도 멸망하지 않게 하셨고(요 17:12), 아무도 아버지의 손에서 빼앗아 갈 수 없을 뿐 아니라(요 10:29) 악한 자가 손대지도 못하게 하여(요일 5:18) 악한 자에게서 지켜 내심으로(요 17:15) 아버지께 영광을 돌리셨다. 그분은 아들로서 아버지의 뜻을 따라 아버지께서 자기에게 주신 자 가운데서 하나도 잃어버리지 않고 영생을 얻게 하며 마지막 날에 그들을 다시 살리신다(요 6:39-40).

이렇듯 하나님의 아들이신 예수 그리스도는 하나님의 뜻을 다 이루고자 죽기까지 순종하시고, 하나님의 말씀을 온전히 이루시며, 자기에게 주신 자들은 하나도 잃지 않고 지켜 영생을 얻게 하심으로 아버지 하나님께 영광을 돌려 아버지 하나님 앞에서 효를 행하셨다.

3장

—◆—

부모
앞에서

——효

◆◆◆　　필자가 살고 있는 아파트의 작은 서재 벽에는 할아버지와 할머니, 아버지와 어머니, 장인과 장모님의 사진 세 장이 나란히 걸려 있다. 이 세 장의 사진들 밑에 우리 부부 사진이 놓여 있다. 항상 우리 부부가 감사하며 기억하고 섬겨야 할 분들이시기 때문이다.

　할아버지는 검소하고 성실하고 부지런하셨으며, 돌아가시기 1년 전인 90세까지 논밭에 다니며 농사일을 하셨다. 할아버지는 욕심이 없고 식사를 할 때는 꼭 한 숟가락 분량의 밥을 남기셨다. 장수의 비결이었던 것 같다. 할머니는 욕심이 많으신 듯하였으나 자녀들을 위해서였다. 할머니는 거지들이 찾아오면 밥상에다 밥을 가득 담아 먹게 하셨고, 개, 돼지, 소, 닭 등 가축들에게도 먹이를 충분하게 주셔서 가축들이 잘 자랐다.

아버지는 사업에 수완이 좋았으나 너무 욕심을 부리다 결국은 완전히 실패하셨다. 그러나 자녀들을 뒷바라지하는 데는 열심을 다하셨다. 내가 고등학교 2학년이 되었을 때에는 이제 성인이 되었으므로 내 앞가림하라면서 "남자는 한길로만 행하라"고 일러 주셨다. 아버지의 그 말씀은 지금도 내 삶에 좌우명이 되어 있다. 아들에게도 그 말씀을 일 년에 두 차례 설과 추석에 성묘하거나 가정 예배를 드릴 때 꼭 알려 주고 있다. 어머니는 자식들을 과도하게 챙겨 주셨다. 자녀들의 먹거리를 챙겨 주셨다. 참 헌신적이셨다.

장인 어르신은 처가댁에서는 호랑이같이 엄하신 분으로 알려져 있었으나 둘째 사위인 내게는 더없이 부드럽고 다정하셨다. 처가댁에 가면 앞 냇가에서 피리를 잡아다 매운탕을 꼭 먹게 해 주시고, 나를 앞에 놓고 옛날이야기를 아주 재미있게 들려주셨다. 장모님은 자주 내 집에 들려 이것저것 챙겨 주시고, 목사이자 교수인 나를 위해 새벽마다 기도해 주시고 깊이 사랑해 주셨다.

이렇듯 할아버지와 할머니, 그리고 양가 부모님들은 자식 된 나를 깊은 사랑과 관심으로 챙겨 주시고, 부족한 것이 없도록 최선을 다하며 희생하셨다. 그분들의 희생과 사랑과 돌봄이 있어서 오늘의 내가 있게 되었기에, 그분들을 한순간도 잊을 수가 없고, 늘 기억하며 감사드리고, 그 사랑을 자녀들에게 물려주려고 노력한다.

성경에서 부모 앞에서 행해지는 효는 십계명의 둘째 돌판에 새겨져 있는 여섯 계명과 이삭과 요셉과 다말과 룻의 경우, 그리고 마리아의 아들이신 예수님이 행하신 효를 통해서 살폈다.

십계명의 둘째 돌판

"너희는 각자 자기 부모를 경외하고, 나의 안식일을 지켜라. 나는 여호와 너희 하나님이다"(레 19:3). "내 아들아, 네 아버지의 훈계를 듣고, 네 어머니의 법을 무시하지 마라"(잠 1:8). "내 아들아, 네 아버지의 명령을 지키고 네 어머니의 법을 잊지 마라"(잠 6:20). 이 말씀들에 의하면, 사람이 태어나 이 세상에서 관계를 맺어 비스듬히 기댐으로 조화(harmony)를 이루어 가는 과정이 있다. 먼저 어머니와 아버지를 만나 그분들에게서 훈계와 법을 배워 사람과의 관계를 배우게 되고, 그리고 어머니와 아버지를 통해서 하나님을 만나 하나님과의 관계를 배운다.

그런데 "자기 아버지를 저주하며 자기 어머니를 축복하지 않는 자들이 있다"(잠 30:11). "아버지를 비웃고 어머니를 경멸하여 불순종하는 자"(잠 30:17)가 있는 것이다. 많은 자녀가 대체로 부모님이 살아 계시는 동안에는 그분들의 사랑의 희생과 수고와 돌보아 주심에 대해 깊이 감사하지 못하고 그분들의 훈계와 가르침을 귀담아듣지 않다가, 부모님이 이 세상을 떠나고 나면 뒤늦은 후회를 한다. 부모님이 자기 자녀들을 위해 어떻게 기도하고 염려하고, 얼마나 많은 눈물을 흘리며 가슴 아파했는지 자녀들은 알지 못한다. 오히려 부모님을 비웃고 저주하며 축복하지 않는다.

《천자문》에 보면, '효당갈력'(孝當竭力)이란 사자성어가 있다. 부모님을 섬김에 있어서는 자신의 힘을 다해야 한다는 말이다. 효도는 부모님이 죽어 이 땅을 떠나신 후에는 할 수 없으므로, 부모님이 살아 계실 때 그분들의 마음을 즐겁게 해 드리고 힘을 다해 감사해야 하는 것이다.

"자녀들이여, 주님 안에서 여러분의 부모에게 순종하십시오. 이것이 옳습니다. '네 아버지와 어머니를 공경하라'는 약속이 있는 첫 계명이니 '네가 잘되고 땅에서 장수하게 하려는 것'입니다"(엡 6:1-3; 참고, 출 20:12; 신 5:16). 바울의 이 말은 십계명 둘째 돌판의 계명을 인용한 것이다.

둘째 돌판의 첫 계명, 곧 십계명 가운데 다섯째 계명은 "네 부모를 공경하여라. 그러면 여호와 하나님이 네게 준 땅에서 네 생명이 길 것이다"(출 20:12)이다. 이 계명에서 자녀들이 부모님에게 마땅히 드려야 하는 존경은 마음과 말과 행동으로 보이는 모든 합당한 경외와 그들에 대한 기도와 감사, 그들의 덕행과 몸가짐을 본받는 것이다. 그리고 그들의 합당한 명령과 권고들에 기꺼이 순종하고, 그들의 꾸지람에 합당하게 복종하는 것이다. 부모님의 인격과 권위에 충성하고 그것들을 옹호하고 보전해 드리는 것이다. 뿐만 아니라 부모님의 약점을 감내하고 사랑으로 덮어 줌으로써 부모님께 영예를 돌려 드리는 일이다.

자녀가 부모님께 해서는 안 될 일은 부모님의 합당한 권고와 명령과 꾸지람을 듣고서 부모님을 오히려 경멸하고 무시하고 거스르는 것과 부모님께 불손하고 불미스런 태도를 취하는 것이다.

노아가 홍수 사건 이후에 포도주를 마시고 취하여 자기 장막 안에서 벌거벗은 일이 있었다(창 9:21). 그때 아들 함이 아버지의 벌거벗은 하체를 보고 아버지를 경멸하여 두 형제에게 알렸다. 이에 두 형제는 겉옷을 가져다가 얼굴을 뒤로 돌린 채 뒷걸음으로 다가가서 아버지의 벌거벗은 것을 보지 않고 아버지의 하체를 덮어 드렸다(창 9:22-23). 이 일로 인하여 함의 아들 가나안이 저주를 받고, 셈과 야벳은 복을 받았다(창 9:24-27).

믿음의 아들 마가와 그의 영적 아버지인 베드로(벧전 5:13)의 관계를 보면, 마가는 베드로의 신앙 고백, "당신은 그리스도이시요 하나님의 아들이십니다"(마 16:16)라는 말대로, 그의 복음서 첫머리에서 "예수 그리스도 하나님의 아들의 복음의 시작이다"(막 1:1)라고 밝혔다. 마가는 영적 아버지 베드로의 신앙 고백과 베드로의 사역 및 증거들에 근거하여 복음서를 기록하였다. 초기 교부 중 한 사람이었던 유세비우스(주후 260-340년)에 의하면, 마가는 베드로의 서기관 겸 통역자로서 베드로가 일러 준 대로 그의 복음서를 기록했다고 한다. 마가의 다락방이 초기 예루살렘 교회의 모임 장소(행 12:12)였던 점을 고려해 보더라도, 마가가 예루살렘 교회의 지도자였던 베드로를 가까이에서 도왔을 것으로 보인다. 그는 베드로의 신앙 고백과 가르침과 증거들에 충실하였던 것이다.

바울의 믿음의 아들 디모데는 바울의 제2차 선교 여행 때 루스드라에서 바울을 만난 후 누가와 함께 줄곧 바울과 함께하였다(행 16:1, 10-11). 바울이 로마 감옥에서 빌립보서와 골로새서를 쓰던 때 그는 바울과 함께하며 고난을 받았고(빌 1:1; 골 1:1) 에베소 교회가 어려울 때는 바울을 대신하여 교회를 섬겼다(딤전 1:3). 디모데는 외할머니 로이스와 어머니 유니게로부터 깨끗한 양심과 거짓 없는 믿음을 물려받았고(딤후 1:3-5), 어려서부터 외할머니와 어머니로부터 성경을 열심히 배웠으며(딤후 3:14-15), 성경을 읽는 일과 가르치는 일에 전념하고 전심전력하였다(딤전 4:13-16). 그는 외할머니와 어머니의 가르침에 더하여 영적 아버지 바울에게서 성경을 깊이 있게 배웠던 까닭에 진리의 말씀을 옳게 분별하였다(딤후 2:15).

베드로의 믿음의 아들 마가와 바울의 믿음의 아들 디모데는 이렇듯 영적 아버지들에게서 복음의 진리를 제대로 배우고, 또 그들의 신앙과 사역을 이어받음으로 효를 행하였다.

이삭, 요셉, 다말, 룻

아브라함의 나이 100세에 사라에게서 얻은 아들 이삭은 이름대로 부모님의 '웃음'이요, '기쁨'이었다(창 21:5-7). 그는 아브라함이 여종 하갈에게서 얻은 이스마엘과는 다르게 약속의 자녀요, 성령을 따라 난 자요, 하나님의 유업을 상속받을 자였다(갈 4:28-30). 그래서 이삭으로부터 난 자라야 아브라함의 씨로 불리게 되는 것이다(창 21:12; 롬 9:7).

이삭은 40세에 리브가를 아내로 맞이했으나, 그의 아내가 임신하지 못하자 아내를 위하여 여호와께 기도하였다(창 25:21). 여호와께서 그의 기도를 들어주셔서 결혼한 지 20년 만에 아내가 임신하여 쌍둥이 아들, 곧 에서와 야곱을 낳았는데, 그때 이삭의 나이가 60세였다(창 25:26). 이삭은 아내를 맞을 때에도 기도했는데(창 24:63), 자녀를 얻는 일을 위해서도 기도하여 하나님의 응답을 받았다.

그리고 이삭이 머물고 있던 땅 그랄에 아브라함 때 들었던 흉년이 들었을 때 여호와 하나님이 이삭에게 말씀하셨다. "애굽으로 내려가지 말고 내가 네게 지시하는 그 땅에 머물러라"(창 26:1-2). 이에 이삭은 그랄 지역에 그대로 머물러 살았다. 그 땅에서 농사를 지었는데 여호와께서 그에게 복을 주심으로 그해에 백 배를 수확하여 이삭은 창대하고 점점 번성하여 마침내 부유하게 되었다(창 26:12-13). 이렇게 부유하게 되자 그 땅의 블레셋 사람들로부터 핍박을 받아 여러 차례 옮겨 다니며

우물을 파게 되었다. 블레셋 사람들이 이삭과 더 이상 다투지 않을 때까지 그는 양보하였고, 마침내 르호봇에서 평안을 누릴 수 있게 되었다(창 26:22). 후에 이삭은 그곳으로부터 브엘세바로 올라가 여호와께 제단을 쌓고 여호와의 이름을 부르며 예배하고 살았다(창 26:23-25).

이렇듯 이삭은 하나님의 말씀에 순종하고, 범사에 기도하여 응답받고, 누구와도 다투지 않고, 하나님으로 만족하고 감사하며 예배하고 살았던 믿음의 사람이었다. 이 같은 이삭의 순종하는 믿음은 그가 아버지 아브라함에게 순종하던 사건에서 이미 입증된 바 있다.

여호와 하나님이 아브라함을 시험하시려고 아들 이삭을 데리고 모리아산으로 가서 번제로 드리라고 말씀하셨다. 이에 아브라함은 아침 일찍 일어나 이삭을 데리고 모리아산에 이르러 종들을 뒤에 남겨 두고 단둘이서 아들 이삭을 번제로 드릴 장소로 옮겨 갔다. 이때 이삭이 아버지에게 물었다. "아버지, 보십시오. 불과 나무는 있는데 번제를 위한 어린양은 어디 있습니까?" 아버지 아브라함이 대답했다. "내 아들아, 번제를 위한 어린양은 하나님이 준비하실 것이다." 대답과는 다르게, 아버지 아브라함은 아들 이삭을 묶어서 제단 나무 위에 올려놓고 칼로 그를 죽이려 했다. 그런데도 이삭은 아버지에게 아무런 반항도 하지 않고 순종했다. 아브라함은 자기의 외아들까지도 여호와께 아끼지 않고 번제로 드릴 만큼 여호와를 경외하였다(창 22:1-12).

아버지 아브라함이 아들 이삭을 제물로 드릴 수 있었던 것에 대하여, 히브리서 기자는 아브라함이 하나님이 죽은 자들도 다시 살리실 수 있다고 믿었기 때문이라고 했다. 아브라함은 여호와 이레 하나님을 믿음으로 아들 이삭을 죽은 자들로부터 돌려받았던 것이다(히 11:19). 이삭 역시 믿음의 사람이었고, 또 아버지를 신뢰하였기에 제물로 드려지는 순간에도 아버지께 온전히 아무 두려움 없이 순종할 수 있었다. 그는 여호와 하나님, 여호와 이레 하나님을 경외하고 믿었고, 아버지 아브라함을 신뢰하고 공경하며 순종했다. 이로써 하나님께 영광을 돌리고, 아버지의 영예를 하나님 앞에서 높여 드렸던 것이다. 이것이 바로 이삭의 효이다.

요셉은 야곱이 첫눈에 반해 사랑했던 아내 라헬에게서 얻은 사랑하는 아들이다. 야곱은 요셉을 노년에 얻었을 뿐 아니라 자기가 사랑하는 라헬에게서 얻은 아들인지라 다른 여러 아들들보다 편애하여 옷도 고급스런 비단옷을 입혔다(창 37:3). 이 같은 편애가 화근이 되어 요셉의 나이 17세 되던 때 형들이 모의하여 요셉을 미디안 상인들에게 팔았고, 그 상인들은 애굽의 바로왕의 신하이자 경호대장인 보디발에게 종으로 팔아넘

겼다(창 37:36).

애굽으로 팔려 간 요셉은 여호와께서 함께하심으로 형통한 사람이 되었고, 보디발 집의 관리인이 되었다. 그런데 요셉은 용모가 아름답고 얼굴이 잘생긴 청년인지라(창 39:6) 보디발의 아내가 자주 눈짓하며 동침할 것을 요구했다(창 39:7). 요셉은 "내가 어떻게 이 큰 악을 행하여 하나님께 죄를 지을 수 있겠습니까?"(창 39:9)라고 하며 보디발의 아내의 청을 물리쳤다. 이것이 화근이 되어 요셉은 보디발의 아내의 모함에 빠져 왕의 죄수들이 갇혀 있던 감옥에 투옥되었다. 그러나 감옥에서도 요셉은 여호와께서 함께하시고 인애를 더하심으로 간수장에게 사랑을 받아 감옥 안에 있는 전직 고위 관리들을 섬기게 되었다(창 39:20-23).

요셉이 감옥에서 투옥된 전직 고위 관리들을 섬기던 중, 바로왕의 술 맡은 시종장과 빵 굽는 시종장이 같은 날 밤에 꿈을 꾸었다. 이 두 시종장들의 꿈을 요셉이 해석해 주었고, 그 꿈들의 해석대로 술 맡은 시종장은 감옥에서 풀려 복직되고, 빵 굽는 시종장은 처형되었다. 복직된 술 맡은 시종장은 요셉을 기억하지 않고 잊어버렸다. 그렇게 세월이 2년이나 흘러 요셉의 나이 30세가 되었다(창 40:23-41:1; 참고, 창 41:46).

2년이 지나서 바로가 꿈을 꾸었다. 살찐 일곱 암소들과 흉하고 야윈 일곱 암소들에 대한 꿈과 알차고 토실토실한 일곱 밀 이삭들과 겉마른 빈 껍데기 일곱 밀 이삭들에 대한 꿈이있다(창 41:1-7). 바로왕은 번민이 되었다. 그 꿈이 무슨 뜻인지를 알고자 애굽의 모든 지혜자를 불러 물었으나 아무도 해답해 주는 자가 없었다. 이때 술 맡은 시종장이 2년 전 요셉이 자기 꿈을 해석해 준 일을 뒤늦게 기억하고서 요셉을 바로왕에게 추천하였다. 요셉은 바로의 꿈을 해석하여 7년의 풍년과 그 뒤에 있을 7년의 흉년을 서둘러 대비할 것을 말해 주었다(창 41:26-36). 바로왕은 요셉 안에 하나님의 영이 계심을 보았다(창 41:38). 그 하나님의 영으로 말미암아 요셉이 명철하고 지혜로움을 알았기에, 바로왕은 요셉을 애굽의 총리로 세워 7년의 풍년과 7년의 흉년을 대비하도록 전권을 주었다(창 41:42-44).

7년의 풍년 동안 요셉은 곡식들을 각 성읍에 비축하여 앞으로 있을 7년의 흉년을 충분하게 대비하였다(창 41:47-49). 마침내 애굽뿐 아니라 주변 모든 나라에도 기근이 들었고, 요셉은 각 성읍의 창고를 열어 애굽 사람들뿐 아니라 주변 나라 백성들에게도 곡식을 팔았다(창 41:56-57).

그 무렵 애굽에 곡식이 넉넉하게 비축되어 있다는 소문을 야곱이 듣고서 식량을 구하러 아들들을 보내게 되었다(창 42:1-3). 야곱은 이때 베냐민에게도 요셉처럼 무슨 재난이 닥칠까 염려

되어 그는 형들과 함께 보내지 않았다(창 42:4). 식량을 구하러 온 형들을 알아본 요셉은 그가 17세 때 꾼 꿈을 기억했다(창 42:9). 요셉은 애굽으로 팔려 온 이래로, 특히 감옥에 있던 때 이 꿈을 기억하며 하나님이 아브라함과 이삭과 야곱과 맺으신 천대의 언약으로 자기를 연단시키시고, 반드시 그 언약의 말씀을 이루실 것을 믿었었다(참고, 시 105:18-19). 그리고 하나님이 자기 아버지와 형들 앞서 자기를 애굽으로 먼저 보내셨다는 것을 깨달았다(참고, 시 105:17).

요셉은 형들에게 이렇게 말했다. "나는 형님들이 애굽에 팔았던 형님들의 동생 요셉입니다. 이제 형님들이 나를 이곳에 판 것 때문에 근심하거나 자책하지 마십시오. 하나님께서 생명을 구하시려고 형님들 앞서 나를 보내셨습니다"(창 45:4-7). 나중에 아버지 야곱이 죽고 나서 요셉은 형들이 자기를 두려워하는 것을 보고서 이렇게 말했다. "두려워하지 마십시오. 제가 하나님을 대신하겠습니까? 형님들은 저를 해하려 하였으나 하나님께서는 그것으로 선을 이루어 오늘처럼 많은 백성을 살리셨습니다. 이제 형님들은 두려워하지 마십시오. 제가 형님들과 형님들의 어린 것들을 양육하겠습니다"(창 50:19-21).

요셉은 식량을 구하러 온 형들을 정탐꾼으로 몰아세우기도 하고(창 42:9), 식량 값으로 받은 돈을 곡식 자루에 도로 넣어 형들의 간담을 서늘하게 하기도 했다(창 42:28). 이에 형들은 지난 날 요셉을 팔아 버림으로써 요셉이 당했던 괴로움이 이제 자기들에게 임하는 것을 느끼며 마음으로 회개하게 되었다(창 42:21).

요셉은 두 번째 양식을 구하러 온 형들이 함께 데리고 온 베냐민을 보자 베냐민 때문에 마음이 북받쳤다(창 43:30). 그러나 요셉은 감정을 억제하고 형들에게 식량을 넉넉하게 챙겨 주면서 자기의 은잔을 베냐민의 곡식 자루에 넣어 보냄으로써 형들을 궁지로 몰아넣었다. 이때 형들이 지난날의 잘못을 크게 뉘우치고 아버지 야곱과 막냇동생 베냐민에 대한 사랑을 드러내 보이자(창 44:30-31), 요셉은 소리 높여 울며 자신을 형들에게 알렸다(창 45:1-3). 그러고 나서 아버지를 애굽으로 모셔 오게 하여 고센 땅에서 목축을 하며 편안하게 여생을 보낼 수 있게 해 드렸다(창 47:11-12).

요셉은 하나님이 함께하시고 인애를 더하셔서 형통했을 뿐 아니라, 그 안에 성령이 계셔서 지혜롭고 총명했으며, 하나님의 언약의 말씀으로 연단을 받아 하나님이 그 언약을 이루실 것을 믿었다. 그래서 하나님이 모든 것을 합력하여 선을 이루실 것을 믿고 하나님을 경외하였다. 이렇게 하나님의 언약을 믿었기에, 그는 애굽에서 아버지와 형제들을 맞이할 준비를 철저하게 했고, 때가 되자 편안하게 잘 섬겼다. 이렇게 합력하여 선을 이루시는 언약의 하나님을 믿는 믿음으로 아버지와 형제들을 섬김으로써 요셉은 효를 행하였다.

요셉이 형들에게 미움을 받아 애굽으로 팔리던 때 유다는 자기 형제들을 떠나 어떤 아둘람 사람에게로 가서 가나안 여자와 동침하여 아들 셋을 낳았다. 유다는 큰아들 엘의 아내로 다말을 맞아들였다. 그런데 큰아들 엘이 여호와 보시기에 악하였으므로 여호와께서 죽이셨다. 이에 유다는 당시의 시형제 결혼 제도(levirate marriage)에 따라 둘째 아들 오난에게 명령하여 "네 형수와 잠자리를 같이하여 시동생의 의무를 행하여 네 형의 씨를 잇게 하라"(창 38:8)고 하였으나, 오난은 형수에게 들어갈 때마다 자기 형의 씨를 잇게 하지 않으려고 땅에 사정하였다. 그가 행한 일이 여호와 보시기에 악하였으므로 여호와께서 그도 죽이셨다(창 38:9-10). 이렇게 두 아들을 잃게 되자 유다는 며느리 다말을 친정으로 보내 지내게 했다. 유다는 셋째 아들마저 잃을까 두려워 셋째가 성장했어도 다말을 친정에서 다시 데려올 생각을 하지 않았다.

이에 다말은 시아버지 유다가 자기 친정 근처로 와서 양털을 깎으러 머물게 된다는 소식을 듣고서, 과부의 옷을 벗고 창녀로 변장하여 유다와 동침하여 임신하게 되었다(창 38:18). 그렇게 해서 다말이 베레스와 세라 쌍둥이를 낳았고, 베레스에게서 나중에 다윗이 나오게 되었다(룻 4:18-22). 며느리 다말이 시아버지 유다와 동침하여 자녀를 낳은 것은 윤리적으로 보면 이해하기 어려우나, 당시의 시형제 결혼 제도와 관련지어 보면, 유다가 다말에 대해 "그 여자가 나보다 더 의롭다"(창 38:26)고 한 말이 이해가 된다. 다말은 믿음으로 유다의 씨를 이어 줌으로써 가문을 세우고자 했던 것이다.

유다는 세속적으로 기울어졌으나, 하나님이 형들 앞서 요셉을 애굽으로 보내 아브라함과 맺은 언약을 성취하고자 계획하고 계시던 때에, 다말은 그 하나님의 언약과 계획에 맞추어 베레스를 낳아 유다의 가문을 세움으로써 효를 행하였다.

다말이 낳은 베레스의 집과 같이 되기를 바라는 축복 속에서 보아스와 결혼하여 다윗의 할머니가 된 여자가 룻이다. 이방인 모압 여자인 룻은 사사 시대에 살았다. 그 땅에 왕이 없으므로 사람들은 자기 멋대로 행하고, 우상을 숭배하며 성적으로도 심히 부패하고 타락했다. 믿음으로 하나님과 동행하며 경건하게 사는 자들을 찾아보기 어려웠다.

베들레헴에 기근이 심하여 엘리멜렉과 그의 아내 나오미가 두 아들들과 함께 모압 지방으로 이주하여 살게 되었다. 나오미의 남편 엘리멜렉과 두 아들들이 죽고, 모압 여자 며느리 두

사람이 나오미와 함께 살아남게 되었다. 이때 시어머니 나오미를 진심으로 섬기기로 작정하고 떠나지 않은 며느리가 바로 룻이다(룻 1:1-5). "어머니의 백성이 저의 백성이며, 어머니의 하나님이 저의 하나님입니다"(룻 1:16)라고 말할 만큼 룻의 신앙과 사랑은 대단했다.

나오미와 룻은 함께 고향 베들레헴으로 돌아왔다. 엘리멜렉의 가문에 속한 유력한 부자 보아스에게서 룻은 은혜를 입고 그와 결혼했다. 보아스가 룻에게 낳은 아들이 오벳이고, 오벳은 이새를, 이새는 다윗을 낳았다(룻 4:13-17). 룻은 "일곱 아들들보다 더 나은 며느리"(룻 4:15)로서 베레스의 집같이 가문을 일으키고(룻 4:12) 엘리멜렉의 유업을 물러 주었다(룻 3:9, 4:8-9). 룻은 엘리멜렉의 가문과 생명의 회복자였다(룻 4:15).

이렇듯 룻은 처음 만난 남편을 잃었으나 시어머니를 믿음과 사랑으로 잘 섬길 뿐 아니라 보아스를 만나 시댁의 가문을 일으켜 세워 다윗에게로 계보를 잇는 데 결정적인 역할을 함으로써 효를 행하였다.

마리아의 아들 예수님

예수 그리스도는 하나님의 아들이시자 사람의 아들이시다. 즉 참 하나님이시자 참 사람이시다. 그분은 참 하나님이시나 하나님의 아들로서 아버지 하나님께 순종하셨다. 또한 참 사람으로서, 특히 마리아의 아들로서 어머니를 사랑으로 섬기셨다. 세례 요한의 어머니 엘리사벳은 마리아가 방문하던 때 "내 주님의 어머니께서 내게 오시다니, 이것이 어찌 된 일입니까?"(눅 1:43)라고 하며 마리아를 주 예수님의 어머니로 높였다.

예수님이 열두 살 되시던 때, 유월절에 부모님과 함께 예루살렘 성전을 향해 올라가셨다. 그런데 절기의 기간이 끝나 고향으로 돌아오는 길에 예수님은 부모님과 동행하지 않으셨다. 예수님은 자기 아버지의 집인 성전에 머물러 랍비들 가운데 앉아서 그들에게 듣기도 하시고 묻기도 하셨다(눅 2:46). 부모님은 하룻길을 간 후에야 예수님이 없는 것을 알고서 예수님을 찾으러 예루살렘으로 다시 올라가야 했다. 그리고 예수님이 성전 랍비들 가운데 있는 것을 보고 깜짝 놀랐다. 예수님은 부모님에게 말씀드리기를, "왜 나를 찾으셨습니까? 내가 내 아버지 집에 있어야 한다는 것을 모르셨습니까?"(눅 2:49)라고 하심으로 하나님 아버지에 대한 자기의 관계를 밝히 보이셨다. 그렇지만 예수님은 나사렛으로 돌아와 부모님께 순종하며 지내셨다(눅 2:51). 그분은 하나님의 아들이시라도 사람의 아들로서 육친의 부모님에게 순종하셨던 것이다.

예수님은 하나님의 아들 메시아로서 공생애를 시작하시던 때, 가나의 결혼 잔치에 어머니와 함께 초청을 받아 참석하셨다. 그 잔치에 손님들이 많아서였던지 포도주가 부족하게 되었음을 어머니 마리아가 알고서 아들 예수님에게 포도주가 떨어졌으니 포도주를 공급해 줄 것을 요청했다. 예수님은 아직 자기 때가 오지 않았음에도 불구하고(요 2:4) 하인들에게 항아리에 물을 채우라 하여 그 물이 포도주가 되게 하셨다. 이로써 어머니 마리아에게 순종하셨을 뿐 아니라 이 표적을 행하여 자신의 영광을 나타내셨고, 제자들은 그분을 믿게 되었다(요 2:11).

예수님이 십자가에 못 박히시던 때, 그분의 십자가 곁에는 어머니와 이모와 글로바의 아내 마리아와 막달라 사람 마리아가 서 있었다. 예수님은 어머니 곁에 서 있던 제자 요한을 보면서, "보십시오. 당신의 아들입니다"라고 어머니에게 말씀하시는가 하면, 요한에게는 "보아라. 네 어머니이시다"라고 하며 어머니를 모시도록 부탁하셨다. 이에 요한이 그때부터 마리아를 자기 집에 모셨다(요 19:26-27). 예수님은 십자가에 못 박혀 죽는 순간

에도 어머니를 챙겨 드리셨다. 예수님은 부모 앞에서 행하는 효
의 모범이시다.

4장

◆

윗사람
앞에서
——효

◆◆◆　　필자는 서른두 살의 나이에 신학교 교수로 임직하여 45년째 교수 생활을 이어 오고 있다. 10년 전 공식적으로는 교수직에서 정년 퇴임했으나, 명예교수로 강의를 해 왔다. 작년부터 정규 수업 강의는 하지 않고 있으나, 특강을 하거나 선교 지역 신학생들에게 줌(Zoom)으로 화상 강의를 하고 있다.

　필자가 신학교 교수로서 지금까지 활동할 수 있게 된 것은 순전히 하나님의 은혜이지만, 대학생 시절 신앙의 뿌리를 견실하게 내릴 수 있게 영어 성경을 가르쳐 주셨던 대학생성경읽기선교회(UBF) 배사라 선교사님의 사랑이 밑거름이 되었다. 배사라 선교사님에게서 성경과 영어를 배운 것이 교수가 되는 데 큰 힘이 되었다. 이른 새벽 제법 먼 거리를 걸어서 선교회 회관을 찾아가 매일 한 시간씩 1년 이상 선교사님께 성실하게 배웠던 것이 나중에 통역과 번역을 하는 데 기초 실력이 된 것이다.

대학을 졸업하고 군대를 제대하고 나서 총신대학교 신학연구원(현 신학대학원)에 진학하여 구약신학의 김희보 교수님, 조직신학의 신복윤 교수님, 그리고 역사신학의 김의환 교수님에게서 특별한 사랑을 받았다.

김희보 교수님은 창세기와 시편 23편을 깊이 있게 가르쳐 주셨다. 그때 배운 것에 기초하여 지금도 창세기를 강의하고 설교하고 있다. 시편 23편의 경우는 22편과 24편 사이에 있다는 사실을 주지시켜 주셨다. 우리의 구원의 길, 생명의 길의 출발점은 예수님의 십자가이고, 목적지는 하늘 영광의 보좌라는 것을 강조해 주셨다.

조직신학의 신복윤 교수님은 칼빈의 《기독교 강요》를 읽을 수 있게 계기를 마련해 주셨고, 특별히 존 머레이(John Murray)의 《칼빈의 성경관과 주권사상》(CLC, 1976)을 번역할 수 있게 해 주셨다. 이 책이 필자의 최초의 번역서다. 신학연구원 재학 중 이 책이 출간되었다. 신 교수님은 자신의 연구실을 저녁과 새벽 시간에 마음대로 사용할 수 있게 해 주셨다.

역사신학의 김의환 교수님은 믿음의 아버지요, 큰 형님처럼 필자를 사랑해 주셨다. 칼빈의 《기독교 강요》를 부분적으로 번역할 수 있게 기회를 주셨고, 미국 LA에 있는 국제신학대학원 (ITS)에서 칼빈의 《기독교 강요》를 영어로 한 달간 강의할 수 있게 해 주셨다. 그때 사용했던 강의안이 《칼빈의 기독교강요 개요》(CLC, 2010)로 출간된 바 있다. 김 교수님은 필자를 사랑하시는 증표로 자신이 애지중지하며 차고 있던 허리띠를 주기도 하셨다. 신학의 기초를 놓는 데 세 분 교수님들의 가르침과 따스한 사랑에 힘입은 바가 컸다.

1980년대 초 미국 세인트루이스에 있는 커버넌트 신학대학원과 컨콜디아 신학대학원에서 가르침과 지도를 받게 된 레이몬드 박사님과 지원용 박사님을 잊을 수가 없다.

커버넌트 신학대학원에서 신학석사(Th.M.) 과정을 공부하던 때, 레이몬드 박사님께 조직신학 전체를 창세기와 로마서, 그리고 《웨스트민스터 신앙고백》에 근거하여 체계적으로 깊이 있게 배웠다. 레이몬드 박사님은 틈틈이 교수 연구실로 필자를 불러 개인적으로 가르쳐 주실 뿐 아니라 박사과정 진학을 권하시면서 몇 개월간 눈물로 기도해 주시고 장학금까지 마련해 주셨으며, 커버넌트 신학대학원 개교 이래 외국 학생으로는 처음으로 성적 우수 졸업(cum laude)의 영예를 얻게 해 주셨다.

컨콜디아 신학대학원에서 신학박사(Th.D.) 과정을 공부하던 때 지원용 박사님이 과분하게 사랑을 베푸셔서 필자의 경제 사정이 어려움을 아시고 박사과정에 필요한 학점 대부분을 1년 만에 얻을 수 있게 해 주셨고, 부족한 학점은 귀국해서 받을 수 있게 해 주셨다. 학위 논문 자격을 위한 각종 시험도 국내에서 치를 수 있게 편의를 제공해 주시고, 학위 논문도 국내에서 쓰게 해 주셨으며, 학위 논문(요약된 원고)을 〈컨콜디아 저널〉(*Concordia Journal*, 1988)에 실리도록 해 주셨다. 지 박사님은 미국에 오랜 세월 거주하셨고 동유럽 국가들을 자주 방문하시면서 한국 여권 때문에 많은 불편을 겪으시면서도 한국 국적을 평생 간직하셨다. 한국에 루터 교회를 개척하시고, "루터란 아우어" 방송도 개설하셨으며, 경기도 신갈에 루터 신학교도 세우실 만큼 한국 루터 교회의 아버지셨다. 박사님은 후학 양성을 위해 매년 3개월 정도 루터 신학교에서 강의도 하셨다.

필자가 하나님의 은혜로 신학 교수의 길을 걷는 데 힘이 되어 주신 다섯 분의 은사님들의 사랑에 보답하고자 노력해 온 것이 필자의 삶에 큰 행복이요 즐거움이다. 그분들은 모두 고인이 되셨으나, 그분들의 이름과 사랑과 가르침을 가슴에 간직하고 살 수 있음에 하나님께 감사를 드린다. 이 같은 삶이 윗사람 앞에서 행하는 효이다.

성경이 말하는 윗사람은 왕이나 세상 권세자들과 어른 또는 노인들, 선생님(스승 또는 은사), 그리고 직장의 상급자들이다. 전

통적으로 우리 사회는 왕과 선생님과 부모님을 한 분처럼 여겨 군사부일체(君師父一體)라고 했다.

십계명의 다섯째 계명과 관련해서 보면, 이 계명에서 말하는 '부모'는 혈육의 부모뿐만 아니라 연령과 경험에서 모든 어른과 특별히 가정이나 교회나 국가에서 하나님의 규례를 따라 권위에 있어서 우리보다 위에 있는 사람들이다. 윗사람들이 부모로 불리는 것은 윗사람들로 하여금 아랫사람들에 대한 그들의 의무에 있어서 혈육의 부모처럼 몇 가지의 인간관계에 따라 사랑을 그들에게 나타내 보이도록 하기 위함이다. 또한 아랫사람들로 하여금 윗사람들에게 자기 부모에게 하듯 자원하여 기쁨으로 그들의 의무를 행하도록 하기 위함이다(참고, 《웨스트민스터 신앙고백 대요리문답》124, 125문답).

왕 또는 세상 권세자 앞에서

성경이 규정하고 있는 왕의 제도는 다음과 같다.

첫째, 하나님이 택하신 사람으로 하되 형제 중 한 사람이어야 하고 외국인이어서는 안 된다(신 17:15). 다시 말해서, 왕이 될 사람은 하나님의 마음에 합한 자로 하나님을 경외해야 하고, 자기 땅에서 백성과 함께 오랜 기간 삶을 산 사람이어야 하는 것이다.

둘째, 왕은 말과 병거, 곧 군사력에 의존하거나 군사력의 증강을 위해 강대국에서 전투 장비를 구입해서는 안 된다(신 17:16). 여호와 하나님을 의지하는 대신 외국의 군사 장비를 수입하거나 여타의 군사력에 의존하는 것을 삼가야 하는 것이다. 모세나 여호수아, 그리고 다윗은 전쟁을 위해 자체적으로 군사력을 갖추었다.

셋째, 왕은 그 마음이 미혹되지 않도록 아내들을 많이 두어서는 안 된다. 다시 말하면, 왕은 한 아내로 만족하고, 성적으로 부패해서는 안 되며(신 17:17상), 여자들에게 힘을 쏟아서는 안 되는 것이다(잠 31:3).

넷째, 왕은 은과 금, 곧 돈을 축적해서는 안 된다(신 17:17하). 권력을 이용하여 부정한 방법으로 재산을 늘려서는 안 되는 것이다.

다섯째, 왕은 포도주와 독주를 마셔서는 안 된다(잠 31:4). 이는 독주가 재앙과 다툼을 가져오고, 허튼소리를 하게 만들고, 판단력을 흐리게 하기 때문이다(잠 23:29-35).

여섯째, 왕은 율법, 곧 성경을 옆에 두고 읽어 성경의 말씀과 규례를 지켜 행해야 한다(신 17:18-19). 성경 말씀대로 왕은 공의와 정의와 공정을 행해야 하는 것이다(시 45:4, 99:4).

일곱째, 왕은 그의 마음이 그 형제들보다 높아져서는 안 되고, 그의 행위가 편파적이어서도 안 된다. 왕은 겸손하고 온유해야 하며 편 가르기를 해서는 안 되는 것이다(신 17:20).

여덟째, 왕은 백성의 유익을 위하여 권위를 행사하는 하나님의 일꾼으로, 악에 대해서는 징계를 가할 수 있다(롬 13:4).

성경이 규정하고 있는 대로 왕 또는 세상 권세자가 그에게 하나님이 주신 권위를 행사하면, 백성 된 자들은 그 권세에 복종해야 한다(롬 13:1). 하나님이 세우신 지도자를 욕하거나 멸시하거나 저주해서는 안 된다(출 22:28). 권세자들을 거역하는 것은 하나님이 정하신 것을 거역하는 일이 된다(롬 13:2). 악을 행하는 자에게 하나님의 진노를 집행하는 권세가 왕에게 있으므로 백성 된 자들은 왕을 두려워해야 한다(롬 13:4). 왕에게 세금도 성실하게 바치고 왕을 존경해야 하는 것이다(롬 13:6-7).

왕 또는 권세자들이 다소간 불의하고 악하더라도 백성들의 입장에서는 그들의 명령에 복종해야 한다(참고, 렘 27:6-8). 불의하고 악한 왕이나 세상 권세자들에 대해서는 하나님이 어떤 특별한 자기의 대행자를 세워 직접 개입해 무너뜨리신다. 예컨대, 하나님은 모세를 세워 바로왕을 징벌하셨고, 사사들과 선지자들(사무엘, 엘리야, 엘리사 등)을 세워 개입하셨다. 하나님은 왕들의 폭정과 악한 정치를 제지할 목적으로 별도의 정치적 조직을 만들어 활용하신다. 예컨대, 행정부의 악한 정치를 제지하도록 입법부와 사법부를 두어 상호 견제하게 하시는 것이다. 필요할 경우, 국민 투표나 탄핵 제도도 사용될 수 있다(참고, 칼빈, 《기독교 강요》 4권 20장 30, 31절).

어른 또는 노인 앞에서

"나이 많은 남자를 꾸짖지 말고 아버지를 대하듯이 권면하여라 … 나이 많은 여자는 어머니를 대하듯이 권면하여라"(딤전 5:1-2). "참 과부를 존대하여라"(딤전 5:3). "어떤 과부에게 자녀나 손자들이 있으면, 그들이 먼저 자기 집에서 효를 행하여 부모에게 보답하는 것을 배우게 하여라"(딤전 5:4). "과부로 명부에 올릴 이는 나이 육십이 덜 되지 않고, 한 남편의 아내였던 자이어야 하며, 또 선한 행실들로 증거가 있어야 할 것이니, 곧 자녀를 잘 양육했든지, 또는 나그네를 후대했든지, 또는 성도들의 발을 씻겼든지, 또는 환난당한 자들을 구제했든지, 또는 선한 일에 헌신한 자이어야 한다"(딤전 5:9-10). "잘 다스리는 장로들은 두 배나 존경받아야 하고, 특히 말씀과 가르치는 일에 수고하는 자들은 더욱 그렇게 되어야 한다"(딤전 5:17). "젊은이들아, 이와 같이 장로들에게 순복하여라. 너희는 모두 서로 겸손으로 옷을 입어라"(벧전 5:5).

우리는 부모를 공경하고 순종하여 효를 행하듯이, 나이 든 어른이나 노인들에 대해서도 그들의 합당한 명령과 권고들에 기꺼이 순종하고, 그들의 꾸지람에 합당하게 복종해야 한다. 그들의 인격에 수치와 불명예를 주어서는 안 되고, 따라서 그들을 경멸하고 거슬러서는 안 된다.

노인들이 신체적으로뿐만 아니라 경제적으로도 힘이 없다고 해서 그들을 무시해서는 안 되고, 정부가 시내버스나 전철에 노약자 우선 좌석을 마련하고 여러 가지 경로 우대 혜택을 제공하는 것처럼, 젊은이들은 노인들을 우선적으로 공경하고 경제적 도움도 주어야 한다. 교회 안에서도 나이 든 여자들(예, 권사님 또는 나이 든 여자 성도님)과 남자들(예, 장로님 또는 나이 든 남자 성도님)을 존경하고 그들에게 순복하며 겸손히 섬겨야 한다.

얼마 전 뉴스에서 중학생 몇 명이 하굣길에 폐지 줍는 할머니를 도와 함께 폐지도 줍고 리어카도 밀고 끌고 해서 고물상까지 동행한 일이 보도된 바 있었는데, 그 같은 선행이 어른들에 대한 아름다운 효이다. 교회가 나이 든 노숙자들이나 경제적 형편이 어려운 노인들에게 식사를 대접하여 위로해 주는 작은 도움도 귀한 효이다.

선생님 앞에서

소년 예수님이 열두 살 되시던 때, 유월절 절기에 부모님을 따라 함께 예루살렘 성전에 올라가셨다. 그때 예수님은 성전에서 랍비들(선생들) 가운데 앉아서 듣기도 하시고 묻기도 하셨다. 예수님이 질문하시고 대답하시는 것을 듣고 있던 모든 사람이 예수님의 총명함에 감탄하였다(눅 2:46-47). 예수님은 그렇게 지혜와 키가 자랐고, 하나님과 사람들에게 더욱 총애를 받으셨다(눅 2:52). 배우는 자는 마땅히 조용히 선생님의 가르침에 귀를 기울여 배우고 순종하는 자세를 가져야 한다(참고, 고전 14:34, "잠잠하여라", "복종하여라").

예수님이 고기 잡는 어부인 베드로를 부르시던 때, 베드로는 밤새도록 수고했으나 고기를 잡지 못해 허탈하고 피곤해 있었다. 그때 예수님이 다가오셔서 난데없이 깊은 데로 나가서 그물을 내려 고기를 잡으라고 말씀하셨다. 상식적으로, 그리고 경험상으로 말이 되지 않아 보였다. 그러나 베드로는 대답했다. "선생님, 저희가 밤새도록 수고하였지만 아무것도 잡지 못하였으나, 선생님의 말씀을 따라 그물을 내리겠습니다"(눅 5:5). 그리고 그대로 하니, 많은 고기가 떼로 잡혀서 그들의 그물이 찢어질 지경이었다. 두 배에 고기를 가득 채웠는데 배가 가라앉을 지경이 되었다(눅 5:6-7).

선생님의 권위를 존중하고, 가르침대로 순종하여 행하는 것이 선생님 앞에서 효이다. 총신대학교 신학연구원에서 공부하던 때 필자는 교수님들의 가르침을 잘 배워 졸업 후에도 기억하고 활용하였다. 미국에서 유학하던 중 교수님들의 사랑에 감동되어 잘 배우고, 그 교수님들에게 깊이 감사하고 존경하였다. 은사님들의 가르침과 사랑에 대한 감사와 그분들의 인격에 존경을 표하고 순종하는 것이 바로 효인 것이다.

상급자 앞에서

"종들이여, 두려움과 떨림으로 여러분은 육신의 주인들에게 성실한 마음으로 순종하기를 주께 하듯 하시오. 사람을 기쁘게 하는 자들처럼 눈가림으로 하지 말고, 그리스도의 종들처럼 마음으로 하나님의 뜻을 행하고, 성실히 섬기기를 주께 하듯 하고 사람에게 하듯 하지 마시오. 이는 각 사람이 어떤 선을 행하면 종이든 자유인이든 주께로부터 그대로 되돌려 받으리라는 것을 알기 때문입니다"(엡 6:5-8).

"종들이여, 모든 일에 육신의 주인에게 순종하되 사람을 기쁘게 하는 자들처럼 눈가림으로 하지 말고, 주님을 두려워하여 진실한 마음으로 하시오. 무슨 일을 하든지 마음을 다하여 주께 하듯 하고 사람에게 하듯 하지 마시오. 이는 여러분이 주께 유업의 상을 받을 줄 알기 때문입니다. 여러분은 주 그리스도를 섬기고 있습니다"(골 3:22-24).

"종들이여, 여러분은 모든 일에 두려움으로 주인들에게 복종하시오. 선하고 너그러운 자들에게뿐 아니라 까다로운 자들에게도 그렇게 하시오. 누구든지 부당하게 고난을 받더라도 하나님을 생각하여 슬픔을 참으면 이것이 은혜입니다. … 여러분이 선을 행하다 고난을 받고 참으면 이것은 하나님 앞에 은혜로운 일입니다. 여러분은 이것을 위하여 부르심을 받았습니다"(벧전 2:18-21상).

바울과 베드로는 종들에게 권면할 때 주 안에서 함께 형제 된

자로서 하였다. 사도 바울은 로마 교회 성도들에게 문안하면서 노예 또는 노예에서 해방된 자들을 가리켜 '사도들에게 존중히 여김을 받는 자'(롬 16:7), '나의 사랑하는 자'(롬 16:8), '그리스도 안에서 우리의 동역자'(롬 16:9), '주 안에서 많이 수고하고 사랑하는 자'(롬 16:12), '주님 안에서 택하심을 입은 자'(롬 16:13)라고 불렀다. 사도들은 종들을 주 안에서 형제요 동역자로 대하며 권면했기에 그들의 권면은 권위가 있었다.

그들의 권면을 보면, 종들은 주인들에게 눈가림으로 하지 않고 주께 하듯 성실하게 기쁜 마음으로 해야 했다. 그리고 주님을 두려워하듯 주인들에게도 두려움과 떨림으로 그들을 존경하여 순종해야 했다. 특히 선하고 너그러운 주인들에게뿐 아니라 까다로운 주인들에게도 즐거운 마음으로 해야 했다. 이렇게 주인들을 섬기게 되면 하나님 앞에 은혜로운 일이고, 주님께로부터 유업의 상을 받게 되기 때문이다.

구약 성경에서 종으로서 주인을 잘 섬긴 대표적인 인물은 요셉이다. 요셉은 어처구니없게도 형들에 의해 종으로 팔려 가 애굽의 경호대장 보디발의 집 종이 되었다. 요셉은 주인인 보디발에게 은혜를 입고 그의 모든 소유를 맡을 만큼 최선을 다해 진실하게 섬겼다. 하나님이 요셉과 함께하시고, 그를 형통한 사람이 되게 하시고, 그가 하는 일을 형통케 하시며, 보디발의 집에 복을 주셨다(창 39:1-6).

요셉은 보디발의 아내가 자기를 성폭행범으로 남편에게 고함으로써 억울하게 감옥에 갇히게 되었으나, 감옥에서도 간수장에게 은혜를 입을 만큼 성실하게 섬겼다. 여호와 하나님이 투옥된 요셉에게 인애를 베푸시고 여전히 함께하셨던 것이다. 요셉이 맡겨진 일은 무엇이든 완벽하게 해 냈기 때문에, 간수장은 요셉이 하는 일에 전혀 참견하지 않았다. 여호와께서 요셉과 함께하셨고 그가 하는 일을 형통하게 하셨다(창 39:20-23).

바로왕의 꿈을 해석해 줌으로써 애굽의 총리가 된 요셉은 성령이 그 안에 계심으로 명철과 지혜로 바로왕을 섬겼다(창 41:38-41). 그는 애굽 땅에 임한 7년 풍년 때 곡식을 충분히 비축해 두었다가 7년 흉년 때 모든 백성이 기근을 면할 수 있게 하여 나라를 평안케 했다(창 41:55-57).

이렇듯 요셉은 보디발의 집에서도, 감옥에서도, 애굽의 총리가 되어서도 누구를 섬기든 하나님의 성령이 주시는 명철과 지혜로, 그리고 하나님이 함께하시는 가운데 성실하게 섬김으로써 윗사람 앞에서 효를 행하였고, 이로 말미암아 그 자신은 형통한 사람이 되었다.

5장

◆

부부
앞에서
효

◆◆◆　　필자는 결혼한 지 금년에 49년 되었고, 다가오는 1월이면 50주년이 된다. 신학교의 제자들이나 교회의 성도들이 어떻게 아내를 만나 결혼했느냐고 묻곤 했다. 그리고 어떻게 부부 간에 사이좋게 지내 왔느냐고 물었다. 그때마다 망설임 없이 대답해 주었다.

　필자는 지금의 아내를 만나기 전 결혼을 약속하고 교제하던 사람이 있었다. 간호사이던 그 사람과 결혼하려던 실제적인 이유는 신학교를 다니는 동안 경제적 도움을 얻고자 함이었다. 필자는 1969년 장로회신학대학교 신학대학원에 1년 다니다가 경제적인 준비가 전혀 안 된 까닭에 자퇴해야만 했다. 그때 동료들에게 '등처가'라는 말을 들었다. '처(아내)의 등에 업혀 공부하는 사람'을 가리키는 말이었다. 그 말대로 아내의 등에 업혀서라도 신학을 어떻게든 하고 싶었다. 결혼 날짜를 잡으려던 차에 갑자기 그 간호사가 다른 남자에게 시집을 갔다. 망연자실하여 어찌할 바를 알지 못하다가 조용히 기도하던 중 나의 믿음 없음을 깨닫고 깊이 회개하였다. 그러고서 기도하기를, 이제 결혼할 때에는 다른 조건을 내세우지 않고 상대가 기도로 준비하고 있는가만 묻기로 다짐했다.

그래서 지금 처형 되는 분의 중매로 아내를 처음 만났을 때, 결혼을 기도로 준비했는가만을 물었고, 아내는 기도해 왔고 결혼하고서도 기도하며 살겠다고 해서, 첫 만남에서 1분간 대화하고 결혼을 약속했다. 그리고 부모님들의 허락을 받아 처음 만난 지 27일 만에 결혼식을 올렸다.

우리 부부간에는 기도하는 것 외에는 다른 조건이 전혀 없었다. 그런 까닭에, 아내가 기도를 하고 있는 한 불만이 없었다. 기도 외에는 우리 부부 사이에는 문제 될 것이 없었다. 부족한 점이 있고, 허물이 있고, 실수가 있어도 괜찮았다. 문제 삼지 않았다. 50년을 살아오는 동안 기도하며 살았기에 어떤 문제도 우리 부부 사이에는 문제가 되지 않았다. 문제 될 것이 없으니 자연히 부부 생활을 불평이나 불만 없이 해 올 수 있었다. 부부 사이에 문제 될 것이 없고 불평이나 불만이 없으니 당연히 서로 의견을 존중하고 복종하게 되었다. 대체로 남편인 내가 먼저 사과하고 아내의 의견을 존중하여 받아 주고, 집안의 크고 작은 일과 돈 관리 등 대부분은 아내에게 맡겼다. 아내가 대체로 집의 안주인 역할을 하게 했다. 필자는 신학교에서 교수하는 일과 주말에는 교회에서 목회하는 일에 전념했다.

이렇게 부부간에 일을 분담하고 서로 존중하고 복종하는 것이 부부가 행해야 하는 조화, 곧 효이다.

언약 안에서

'언약'을 정의하면 '피로써 맺어진 사랑의 결속'(bond of love administered in blood), 곧 피로써 맺어진 바 사랑으로 한 몸 되는 것이다. 이 언약은 사랑으로 맺어진 관계로서 부모와 자녀, 남편과 아내, 그리고 왕과 백성 간에 이루어진다. 특히 아버지 하나님과 자녀 된 우리 간의 관계가 그리스도 안에서 그분의 피로 맺어진 언약이다.

하나님이 아담과 최초로 맺으신 언약이 선악과를 먹지 말라는 명령을 통해 맺은 생명의 언약이었다(창 2:16-17). 이 금지 명령을 통해서 하나님은 아담에게 신뢰와 순종을 요구하심으로써 아버지와 자녀의 관계, 곧 언약을 맺으셨던 것이다. 이 생명 언약을 맺으신 후 곧바로 하나님은 아담을 위하여 여자를 만드시고 둘이 한 몸을 이루게 하셨다. 이것이 바로 부부의 언약이다.

하나님은 아담을 위해서 여자를 돕는 배필로 주셨다. '돕는'이라는 단어의 히브리어 '에셀'은 '에벤에셀'('도움의 돌')의 하나님을 가리킬 때 쓰는 단어이다(삼상 7:12). 여호와 하나님이 '나의 도움'이시다(시 121:1-2). 잠언 31장 10절, "누가 현숙한 아내를 얻겠느냐?"라는 말씀에서 '현숙한'을 가리키는 히브리어는 '하이일'로서 '힘, 능력, 군대의 힘, 덕행'(strength, power, military force, virtue)을 뜻한다. 이로 보건대, 하나님이 아담을 위해 만들어 주신 여자는 '힘이 있어 돕는 자'인 것이다.

'배필'은 '정확하게 일치하는 짝'을 의미한다. 서로 잘 어울리는 짝이 배필이다. 서로 비스듬히 기댈 수 있는 짝이 배필인 것이다. 이로 보건대, 아담과 하와는 서로 도움을 주고 비스듬히 기대어 사랑을 나누는 언약의 부부이다.

부부간에 사용하는 우리말 호칭에 '당신', '여보', '여편네', '임자', '이녁', '마누라', '영감' 등이 있다. '당신'은 '내 몸과 같다',

'내 삶의 전부', '내 생명' 등을 뜻하는 바, 부부는 서로에게 '내 몸', '내 삶', '내 생명'이다(참고, 아 6:3). 그래서 '당신'과 '나'는 '한 몸'인 것이다(참고, 창 2:24). '여보'는 '보배 같은 존재'를 뜻한다(참고, 잠 31:10). 부부는 서로에게 보배같이 존귀한 존재이다. '여편네'는 '남편 옆에서 지키는 자', 곧 동반자를 뜻한다. '임자'는 '주인'을 뜻하는 바, 부부는 서로에게 주인이다. 아내는 남편의 주인이고, 남편은 아내의 주인이다(참고, 고전 7:4). "이 물건의 임자가 누구요?"라고 할 때, 임자가 물건의 주인을 가리키는 것과도 같다.

'이녁'은 '서로 떨어질 수 없는 한 몸'을 뜻한다. '마누라'는 본래 '마노라'로서 지위가 높은 왕후와 같은 여자를 가리키는 호칭이다. '영감'은 왕을 가리키는 '상감'과 정승을 가리키는 '대감'과 함께 높은 자리에 있는 사람을 가리키는 호칭이다. 이렇듯 부부간에 사용하는 우리말 호칭들은 창세기 2장 18절의 '돕는 배필'을 잘 나타내 보여 주고 있다.

아가서에 보면 이런 표현들이 있다. "내 사랑하는 이는 나의 것이고, 나는 그의 것이다"(아 2:16). "나는 내 사랑하는 이의 것이며, 내 사랑하는 이는 나의 것이다"(아 6:3). "나는 내 사랑하는 이의 것이다"(아 7:10). 이 세 구절을 살펴보면, 남자와 여자는 서로의 것이다. 그런데 연애 초기 단계에서는 여자가 자기 입장에서 남자가 나의 것이고 자기는 남자의 것이라고 하고 있다. 남자가 먼저 자기의 것이라고 말하는 것이다. 그러나 사랑이 조금 더 성숙되어 가면 여자가 말하기를, 자기가 먼저 남자의 것이고, 남자가 다음에 자기의 것이라고 한다. 즉 남자를 먼저 앞세워 주는 것이다. 그러다가 사랑이 원숙해지면 자기는 자기의 사랑하는 남자의 것이라고만 말한다. 철저하게 자기가 남자의 것임을 노래하는 것이다. 이것이 언약 안에서 행해지는 부부간의 효이다.

아내는 남편과 함께 생명의 은혜를 함께 상속받을 자, 곧 공동 상속자이기 때문에 남편은 아내를 존귀(헬, 티메)하게 여겨야 한다. 남편은 젊은 날에 맞은 아내를 복되게 하고 즐거워하며 아내의 품을 항상 만족하게 여겨 아내의 사랑을 사모해야 한다 (잠 5:18-19). 덕스러운 아내는 존경(히, 카보드)을 받아 마땅한데(잠 11:16), 남편의 면류관이기 때문이다(잠 12:4). 슬기로운 아내는 여호와께서 주신 선물이어서(잠 19:14) 아내를 얻는 자는 행복을 찾은 자요, 여호와로부터 은총을 받은 자이다(잠 18:22). 이렇듯 부부간에 효가 언약 안에서 아름답게 행해지면 행복하게 되는 것이다.

이같이 부부간에 언약 안에서 효가 아름답게 행해지려면 부부간에 결혼 언약에 충실해야 한다. 간음하지 말고(출 20:14), 특별한 사유가 없는 한 이혼하지 말아야 하는 것이다(참고, 신 24:1-2; 마 19:6; 막 10:3-9). 간음하지 말라는 이 계명은 부부가 몸과 마음과 감정과 말과 행동에 정숙하고 정결하여 온유하고, 외모를 치장하지 않으며, 용모를 단정하게 할 것을 요구한다(벧전 3:2-4).

독신의 은사가 없는 사람은 결혼하여 부부간에 서로 사랑하고 동거해야 하며, 부정에 빠지는 유혹들을 물리쳐야 한다. 그러기에 간음, 음행, 강간, 근친상간, 동성 간의 성행위, 변태적인 정욕을 피할 뿐 아니라 부정한 생각이나 추잡한 말과 음탕한 표정, 그리고 난잡한 옷차림을 삼가고, 한 명 이상의 남편이나 아내를 동시에 취하는 것도 해서는 안 된다. 가능하면 과음과 포식을 삼가고, 음탕한 노래나 춤, 연극 등 음란을 자극하는 일을 삼가야 하는 것이다(참고, 《웨스트민스터 신앙고백 대요리문답》 137-139문답).

성령 안에서

우리가 부모를 공경하고 순종할 때 주님 안에서 하듯이, 부부간에 피차 복종할 때는 성령 안에서 해야 한다. 사도 바울은 에베소 교회 성도들에게 "성령으로 충만하게 되시오"(엡 5:18)라고 명령하고서 곧바로 부부가 그리스도를 경외하는 가운데 서로 복종하라고 하였다.

바울과 베드로는 아내들에게 먼저 권하였다. "아내들이여, 자기 남편에게 복종하기를 주께 하듯 하시오. … 교회가 그리스도께 복종하듯 모든 일에 아내들도 남편들에게 복종하시오"(엡 5:22, 24). "아내들이여, 남편에게 복종하시오. 이것이 주님 안에서 합당한 일입니다"(골 3:18). "아내들이여, 이와 같이 자기 남편에게 복종하시오. … 사라가 아브라함을 주라 부르며 그에게 순종한 것과 같이"(벧전 3:1, 6 상).

바울과 베드로는 동일하게 아내들이 자기 남편에게 사라가 아브라함에게 한 것과 같이 복종하라고 했다. 아브라함의 나이 99세 때 하나님이 사라가 임신하여 아들을 낳을 것이라고 말씀하시자, 사라는 속으로 웃으면서 "내가 노쇠하였고 내 주인도 늙었으니 내게 무슨 즐거움이 있겠는가?"(창 18:12)라고 말했다. 사라는 아브라함을 '주인'으로 여겼던 것이다. 우리말 호칭 가운데 '임자'라고 부른 것과도 같다. 아내는 남편을 존경하여 복종하는 것이 마땅하다. 마찬가지로 남편도 아내를 존귀하게 여겨야 한다(벧전 3:7). 그리고 사라가 아브라함에게 하갈과 그의 아들 이스마엘을 내보내라고 했을 때, 아브라함이 사라의 말을 들었던 것과 같이(창 21:10-14), 남편은 아내의 의견을 존중해야 한다. 이렇게 서로 존경하고 복종하는 것이 효이다.

아내들에게 권한 다음, 바울과 베드로는 남편들에게 명령했다. 남편들에게 한 명령과 관련하여 바울의 경우를 보면, 아내들에게 한 말보다 남편들에게 한 말의 분량이 훨씬 많다. 거의 세 배나 된다. 이 같은 사실은 남편들이 아내를 더 깊이 배려해야 한다는 것을 암시한다.

"남편들이여, 아내 사랑하기를 그리스도께서 교회를 사랑하시고 교회를 위해 자신을 내어 주신 것같이 하시오. 이는 그리스도께서 교회를 물로 씻고 말씀으로 깨끗하게 하여 거룩하게 하시고, 교회를 자기 앞에 영광스럽게 나타내서 티나 주름이나 이런 것들이 없이 거룩하고 흠이 없게 하시려는 것입니다. 이와 같이 남편들도 자기 아내 사랑하기를 자기 몸을 사랑하는 것같이 해야 합니다. 자기 아내를 사랑하는 자는 자기를 사랑하는 것입니다. 누구라도 언제든지 자신의 육체를 미워하지 않고 자신을 양육하고 보살피기를 그리스도께서 교회를 위해 하시듯이 합니다. 이는 우리가 그분의 몸의 지체들이기 때문입니다"(엡 5:25-30). "남편들이여, 아내를 사랑하고 괴롭히지 마시오"(골 3:19). "남편들이여, 이와 같이 아내는 더 연약한 그릇이니, 지식을 따라 동거하고, 또한 생명의 은혜를 함께 상속받을 자이니,

귀하게 여기시오. 이는 여러분의 기도가 막히지 않게 하려는 것입니다"(벧전 3:7).

남편들에게 권면한 사도들의 말에 의하면, 그리스도가 교회를 위하여 자기 몸을 십자가에서 희생 제물로 내어 주시고, 그 피로 교회를 씻어 티와 흠이 없게 하시고 거룩하게 하신 것처럼, 남편들도 자기 아내를 위하여 자기의 모든 것을 내어 주고 아내를 보살펴 주라는 것이다. 특히 아내가 흠이 없고 거룩하게 되도록 남편들이 아내를 사랑하라 하였다. 그래야 남편들의 기도가 막히지 않게 되고, 하나님 앞에 기쁨으로 설 수 있게 되는 것이다. 뿐만 아니라 남편들은 아내를 괴롭혀서는 안 된다. 아내를 멸시하거나 의견을 표현할 수 없게 하거나 사납고 거친 말로 위압감을 느끼게 해서는 안 된다.

남편과 아내는 성령 안에서, 그리고 주 예수님을 믿는 믿음 안에서 서로 존경하고 복종하며 사랑함으로써 하나님 앞에 흠 없이 거룩하게 설 수 있어야 한다. 이것이 성령 안에서 부부가 행해야 하는 효이다.

성경의 세 부부

성경에 소개되어 있는 부부들 가운데서 자료가 확실하게 있는 아브라함과 사라 부부, 이삭과 리브가 부부, 그리고 신약에서 아굴라와 브리스길라 부부를 예로 들어 부부간에 행해진 효를 살폈다.

아브라함과 사라 부부

영광의 하나님은 아브라함과 사라를 갈대아 우르에서 함께 부르셨다. 그때 사라가 임신하지 못하여 자식이 없었다(창 11:29-30). 아브라함은 사라를 데리고 가나안 땅으로 가고자 갈대아 우르를 떠나 하란에 머물러 거기서 살았다. 그들이 하란에 머물러 살고 있던 때 하나님이 아브라함에게 말씀하시기를, "너는 네 땅, 네 친족, 네 아버지 집에서 떠나 내가 네게 보여 줄 땅으로 가라"(창 12:1)고 하셨다. 이 말씀에 의하면, 하란에도 아브라함의 친족이 살고 있었다. 그래서 후에 이삭을 위해 결혼할 짝을 찾고자 하던 때 아브라함이 자기 종을 자기 친족이 있는 하란으로 보냈던 것이다(창 24:4, 10; 참고, 창 28:10, 29:4).

아브라함이 갈대아 우르를 떠났을 때나 하란을 떠나던 때 자식이 없어 고향과 친척을 멀리하고 떠나기가 쉽지 않았을 텐데, 아브라함과 함께 사라는 믿음으로 순종하여 장래에 유업으로 함께 받을 곳인 가나안을 향해 출발하여 마침내 들어 갔다(창 12:4-5; 히 11:8). 아브라함이 고향과 친척을 떠나던 때, 사라는 반대하지 않고 아브라함과 함께 조카 롯까지 데리고 행하였던 것이다.

아브라함은 가나안 땅에 도착하자 여호와를 위하여 제단을 쌓고 여호와의 이름을 불렀다(창 12:8). 그런데 그가 도착하여 처음 제단을 쌓고 장막을 친 곳은 산지였다(창 12:8상). 산지가 정착하기에 적합하지 않아 땅이 좀 더 비옥한 네게브 쪽으로 옮겼으나(창 12:9), 그 땅에 기근이 심하므로 아브라함은 사라를 데리고 애굽 땅으로 내려갔다(창 12:10).

그가 애굽 땅에 가까이 왔을 때, 자기 아내 사라에게 말했다. "보시오. 내가 알기에 당신은 용모가 아름다운 여자이오. 애굽 사람들이 당신을 보고 '이 여자는 그의 아내이다'라고 말하면 나는 죽이고 당신은 살릴 것이니, 당신은 내 누이라고 말하기를 바라오. 그러면 내가 당신 때문에 무사하고, 내 목숨이 당신 덕분에 살아남을 것이오"(창 12:11-13). 사라가 아브라함의 이복 누이로서 아내가 되었기에(창 20:12), 아브라함이 사라에게 '내 누이'라고 말하라는 것은 거짓은 아니지만, 아내 사라의 용모 때문에 자기 목숨이 위태로울까 걱정했던 것이다. 아브라함이 기근 때문에 하나님이 유업으로 주고자 하신 땅을 떠난 것 자체가 불신앙이었는데, 사라 때문에 자기 생명의 위협을 느껴 염려한 것도 마찬가지로 불신앙이었다.

사라는 남편이 시킨 대로 했다. 그로 말미암아 바로의 궁전에 불려가 바로와 잠자리를 같이하게 될 위기에 놓였다. 이때 하나님이 아브라함의 아내 사라의 일로 바로와 그의 집안을 큰 재앙들로 치셨으므로, 아브라함과 사라는 위기를 면할 수 있었다(창 12:17-20). 그들은 바로의 배려로 많은 재물을 얻어 가나안 땅으로 되돌아올 수 있었는데, 처음 제단을 쌓았던 산지에 제단을 쌓고 자기의 불신앙을 하나님 앞에 회개하였다.

그러나 아브라함이 바로왕에게서 얻어 온 가축 떼와 애굽에서 데리고 온 여종 하갈이 아브라함에게 나중에 화근이 되었다. 아브라함의 목자들과 롯의 목자들 사이에 가축 떼 때문에 다툼이 생겨났고(창 13:7), 여종 하갈에게서 이스마엘을 얻게 됨으로 가정에 불화가 생겼다(창 16:4, 21:8-14).

이 같은 여러 어려움들 속에서 하나님은 사라에게 아들 이삭을 주셨다. 이때 사라는 믿음으로 잉태하는 힘을 얻었으니, 이는 사라가 나이가 많아 단산하였으나 아들을 약속하신 여호와 하나님을 신실하신 분으로 믿었기 때문이다(히 11:11). 여호와께서 말씀하신 대로 사라를 돌보시고 아브라함의 나이 100세에 이삭을 아들로 주시자, 아브라함 부부는 크게 기뻐하고 하나님께 영광을 돌렸다. 사라는 "하나님께서 나로 웃는 자가 되게 하시니, 듣는 모든 사람이 나와 함께 웃을 것이다"(창 21:6) 하며 기뻐하였다.

아브라함과 사라는 믿음이 없어 하나님의 약속을 의심하지 않고, 오히려 믿음에 견고해져서 하나님께 영광을 돌렸으며, 하나님이 약속하신 그것을 또한 능히 이루실 것이라고 확신하였다. 그러므로 그 약속을 믿는 믿음으로 말미암아 아브라함은 의롭다 하심을 얻었다(롬 4:20-22). 이 약속의 씨 안에서 땅의 모든 민족이 복을 얻게 되는 것이었다. 아브라함이 믿음으로 순종함으로써 엄청난 복이 모든 이방인에게까지 임하게 된 것이다(창 22:18).

사라가 127세를 누리고 죽자 아브라함은 사라를 위하여 슬퍼하며 통곡하고(창 23:1-2), 그녀를 위하여 매장지를 돈을 주고 헷 사람에게서 사서 막벨라 밭에 있는 굴에 장사하였다(창 23:16-20).

이삭과 리브가 부부

사라가 죽은 후 나이 많아 늙은 아브라함은 아들 이삭의 나이 40세가 되자 결혼을 시키고자 했다. 그는 자기 종을 자기 친척이 있는 고향 땅 하란으로 보내어 이삭의 짝이 될 처녀를 데려오도록 했다. 아브라함은 신앙의 전통을 지키고자 가나안의 딸들 중에서 이삭의 아내를 얻는 대신에 하란까지 종을 보내어 아들 이삭의 아내를 데려오게 했다(창 24:3-4). 이렇게 해서 이삭은 라반의 누이였던(창 24:29, 55) 리브가를 아내로 맞게 되었다. 이삭은 리브가를 사랑하였고, 어머니 사라의 죽음 후 마음에 외로움을 덜어 내고 위안을 얻었다(창 24:67).

이삭은 40세에 리브가를 아내로 맞았으나 리브가가 임신하지 못하므로 여호와께 기도하였고, 기도의 응답으로 60세에 아들 쌍둥이를 얻었으니, 에서와 야곱이었다(창 25:24-26). 이삭의 아버지 아브라함은 아내 사라가 잉태하지 못하자 애굽에서 데려온 여종 하갈에게서 이스마엘을 얻음으로 후에 큰 화근이 되었으나, 이삭은 아버지처럼 하지 않고 아내 리브가와 함께 기도하여 아들 쌍둥이를 얻었던 것이다.

임신 중에 배 속에서 쌍둥이가 서로 심하게 다투자 리브가가 하나님께 기도하여 물었을 때, 여호와 하나님이 대답해 주셨다.

"한 백성이 다른 백성보다 강하겠고, 큰 자가 작은 자를 섬길 것이다"(창 25:23). 큰아들 에서는 하나님이 미워하시고 작은아들 야곱은 사랑하시어, 그들이 태어나기도 전에 하나님이 야곱을 장자로 삼으실 것을 알려 주신 것이다(말 1:2-3; 롬 9:10-13).

그런데 이삭이 나이 많아 눈이 어두워 잘 볼 수 없게 되었을 때, 에서에게 장자의 복을 빌어 주고자 하였다. 이삭이 에서에게 그의 뜻을 말할 때 리브가가 듣게 되었다. 이삭은 하나님의 예정에 대하여 기억하지 못하고 있었던 데 반하여, 리브가는 하나님이 임신 중에 해 주신 말씀을 기억하고 있었다. 그래서 리브가는 남편 이삭을 속이는 까닭에 저주를 받게 될 것을 각오하고(창 27:13) 야곱과 모의하여 눈이 어두워 잘 볼 수 없게 된 이삭을 속이고 장자의 축복을 야곱이 받도록 해 주었다(창 27:26-29).

에서는 장자권을 가볍게 여길 만큼 세속적이었고(창 25:34; 히 12:16, "속된 자"), 헷 사람의 딸들을 아내들로 삼았는가 하면(창 26:34), 야곱이 밧단아람으로 떠나간 것을 보고 나서는 이스마엘의 딸을 또 아내로 삼을 만큼(창 28:8-9) 음란하였다(히 12:16, "음란한 자"). 에서의 이 같은 망령된 행동으로 인하여 이삭과 리브가의 마음이 아팠고(창 26:35), 이로 인하여 이들은 야곱을 밧단아람, 곧 리브가의 친정이 있는 고향으로 보냈던 것이다. 이때 리브가가 이삭을 설득했다(창 27:46). 이에 리브가의 말대로, 이삭은 야곱을 축복하고 밧단아람으로 보내어 외삼촌 라반의 딸들 중에서 아내를 얻으라고 당부했다(창 28:1-5). 이로써 아브라함의 복이 야곱에게 임하도록 했던 것이다(창 28:3-4).

이삭은 나이 많아 눈이 어두워 잘 볼 수 없었고, 야곱에 대한 하나님의 예정을 기억하지 못하여 에서에게 장자의 복을 빌어 줄 뻔했으나, 비록 아내 리브가의 지략에 속았지만(창 27:35) 그녀의 권고를 받아들임으로써 야곱에게 아브라함의 복이 흘러내리게 하였다.

아굴라와 브리스길라 부부

로마서 16장 3절에 보면, 아굴라와 브리스길라 부부는 바울의 최측근 동역자였다. 이 부부는 '아굴라와 브리스길라'로 호칭된 것이 2회(행 18:2; 고전 16:19)인 데 비하여, '브리스길라와 아굴라' 또는 브리스길라의 애칭을 사용한 '브리스가와 아굴라'로 호칭된 것은 4회(행 18:18, 26; 롬 16:3; 딤후 4:19)이다. 바울이 남편 아굴라의 이름 앞에 브리스길라의 이름을 놓고서 호칭한 것을 보아, 아내 브리스길라가 복음 사역에서 더 중요하게 바울을 도운 것으로 보인다.

브리스길라와 아굴라 부부는 로마에서 살고 있었으나, 로마의 글라우디오 황제가 유대인들을 추방하자 고린도로 와서 바울과 1년 6개월 교제하면서 천막을 만들었다(행 18:1-3, 11). 이 기간 바울과 함께 지내면서 특히 브리스길라는 그리스도의 복음을 깊이 있게 배우게 되었다. 그래서 그들은 에베소에 있던 때 아볼로를 데려다가 가르쳐 고린도에 가서 그로 하여금 예수가 그리스도이심을 성경을 통해 설득력 있게 증명할 수 있게 했다 (행 18:24-28).

브리스길라가 바울의 최측근 동역자였던 것은 그녀가 고린도 교회의 집주인이었고(고전 16:19), 에베소 교회에서 아볼로와 함께 사역했을 뿐 아니라(행 18:19, 26), 나중에는 다시 에베소 교회에서 디모데와 함께 바울을 대신해 사역하였으며(딤후 4:19), 로마에서도 자기 집을 교회 모임 장소로 사용하게 하여 여주인 노릇을 했기 때문이다. 또한 브리스길라는 남편 아굴라와 함께 바울의 목숨을 지키기 위해서 자신들의 생명도 아끼지 않았다(롬 16:4). 브리스길라와 아굴라는 바울의 선교 사역을 힘을 합하여 도왔던 것이다.

6장

◆

동료
앞에서
효

◆◆◆　　필자는 칠 남매 가운데 맏아들이다. 위로 누나 한 분이 있고, 아래로 다섯 명의 동생들이 있었는데, 여동생 하나는 어려서 지병으로 죽고, 막내 여동생은 교통사고로 20년 전 죽어서 지금은 두 남동생과 여동생 하나가 있다.

　중고등학교를 다니던 때에는 아버지가 사업에 성공하셔서 경제적으로 부유하였으나, 큰 화재 사건으로 사업에 실패하시자 갑자기 아주 어렵게 되었다. 집안의 형편으로 보면 필자는 대학을 졸업하자마자 취업하여 부모님과 동생들을 돌보는 것이 마땅했다. 그러나 하나님의 부르심이 너무 강하여 깊은 고민과 기도 끝에 취업을 단념하고, 대학 졸업 후 곧바로 신학대학원에 진학하였다. 이로 인하여 부모님과 동생들에게 맏아들로서 책임을 다하지 못한 부담감이 컸다. 누나는 고등학교 2학년 때 자진 중퇴해야 했고, 바로 밑에 동생은 교육대학교에 진학했으나, 그 밑에 동생은 육군3사관학교에 갔다. 여동생들은 고등학교와 중학교만 다녀야 할 정도로 가정 형편이 어려웠다.

필자는 결혼을 하고 신학교의 교수가 된 후로도 동생들에 대한 미안한 마음을 떨쳐 낼 수가 없었다. 그래서 아내와 의논하면서 신앙적으로뿐만 아니라 힘닿는 대로 경제적으로도 도움을 줘 왔다. 형제간 우애를 돈독하게 함으로써 온 가족이 조카들까지도 서로 섬기고 베풀고 사귐을 가지며 지낸다. 조류독감으로 인하여 동생네가 양계장 8만 마리의 산란계를 땅에 묻는 큰 아픔을 겪게 되었을 때, 필자의 아들과 딸도 흔쾌히 큰 액수의 돈을 보태어 위로와 격려를 해 주었다. "누구든지 자기 친척들, 특히 자기 가족을 돌보지 않으면, 그는 믿음을 저버린 것이며, 불신자보다 더 악하다"(딤전 5:8).

동료 앞에서 효를 행하려면 십계명 중에서 둘째 돌판에 새겨져 있는 계명들에 주의해야 한다. 우선 동료 간에는 피차의 존엄성과 가치를 인정하고, 서로 먼저 존중하며, 상대의 재능과 업적을 자신의 것처럼 기뻐해야 한다(《웨스트민스터 신앙고백 대요리문답》 131문답). 요나단이 다윗의 재능과 전쟁에서의 업적을 인정한 것처럼 해야 하는 것이다(삼상 18:1-4).

"살인하지 말라"(출 20:13). 제6계명과 관련해서 생각해 보면, 첫째, 다른 사람의 생명을 불의하게 빼앗을 수도 있는 모든 생각과 음흉한 계획을 물리치고 혈기를 죽여야 한다. 둘째, 폭력에 대하여 생명을 정당하게 방어하고, 마음을 고요하게 하되 유쾌하게 하며, 육식과 약품을 적당하게 먹고 수면과 오락과 노동을 적당하게 취하거나 즐겨야 한다. 셋째, 인애로운 생각, 사랑, 온유, 양선, 친절을 행하고 예절 바른 말과 행동을 해야 한다. 넷째, 관용, 화목, 손해를 감내하는 용서, 악을 선으로 갚는 것, 곤궁에 처해 있는 사람을 위로하고 구해 주며, 무죄한 자를 변호해 주어야 한다. 다섯째, 상대를 화나게 하는 말을 삼가고, 분노를 피하며, 무절제한 육식, 과음, 과로, 지나친 오락을 피해야 한다(《웨스트민스터 신앙고백 대요리문답》 135문답).

"간음하지 말라"(출 20:14). 제7계명과 관련해서는, 첫째, 몸과 마음과 행실이 정숙해야 한다. 둘째, 눈으로 보고 손으로 만지는 일에 주의하고 성희롱과 성폭력을 삼가야 한다. 셋째, 독신의 은사가 없는 자는 결혼을 하여 부부간에 동거하며 사랑을 나누어야 한다. 넷째, 부정과 불결에 빠지게 하는 모든 유혹을 물리쳐야 한다(《웨스트민스터 신앙고백 대요리문답》 138문답).

"도둑질하지 말라"(출 20:15). 제8계명이 요구하는 바에 의하면,

첫째, 사람과 사람 사이의 계약과 거래에 있어서 성실하고 정직해야 한다. 둘째, 불법적으로 점유한 물건에 대해 배상하고, 세속적인 재물에 대한 욕심을 버려야 한다. 셋째, 합법적인 직업을 가지고 근면하게 직장생활을 하고, 검소와 절제의 삶을 살아야 한다. 넷째, 자신뿐 아니라 다른 사람의 부와 재산을 늘리는데 최선의 노력을 기울여야 한다. 다섯째, 임금 착취, 고리대금, 뇌물, 매점매석 행위, 탐욕, 세속적인 물건에 대한 지나친 애착을 피해야 한다(《웨스트민스터 신앙고백 대요리문답》 141-142문답).

"네 이웃에 대하여 거짓 증거하지 말라"(출 20:16). 제9계명이 요구하는 것은, 첫째, 진실을 위해 앞장서고 재판에서 진실만을 말하는 것이다. 둘째, 이웃의 명예를 존중하는 일이다. 셋째, 이웃의 연약함을 슬퍼하고 덮어 주어야 한다. 넷째, 이웃에 관한 좋은 소문은 기꺼이 들어 주되, 나쁜 소문은 듣지 않아야 한다. 다섯째, 합당한 약속은 성실하게 지켜야 한다. 여섯째, 악을 선하다 하고, 선을 악하다고 해서는 안 된다. 일곱째, 험담하고 비방하고 냉소하며 욕설하는 일을 삼가야 한다. 여덟째, 거짓되거나 헛된 소문, 작은 허물을 부풀리는 일, 그리고 악하게 의심하는 일 등을 삼가야 한다(《웨스트민스터 신앙고백 대요리문답》 144-145문답).

"네 이웃의 집을 탐내지 말라"(출 20:17). 제10계명에 의하면, 우리는 우리가 처한 형편에서 만족하는 법을 배워야 하고, 이웃의 재산을 돌보는 일에 인애로운 자세를 취해야 한다. 우리가 가진 재산을 불만족해하고, 이웃의 재물에 대하여 시기해서는 안 된다(《웨스트민스터 신앙고백 대요리문답》 147-148문답).

형제 앞에서

야곱의 아들 요셉의 형제 사랑은 참으로 아름답다. 그는 두 번에 걸쳐 꾼 꿈, 곧 곡식 단과 해와 달과 열한 별들이 자기를 향해 절을 한 것에 대한 꿈을 아버지와 형들에게 이야기한 것과 평소 형들의 잘못을 아버지에게 일러바친 것 때문에 그것이 화근이 되어 형들에 의해 애굽에 종으로 팔리게 되었다. 형들은 아버지 야곱이 요셉을 모든 아들보다 더 사랑하여 못마땅했는데 꿈 이야기를 듣고 나자 화가 났고 시기하였던 것이다 (창 37:11).

애굽에 팔려 간 요셉은 하나님이 그와 항상 함께하시어 형통하게 하시고, 감옥에 있을 때에도 오히려 인애를 더해 주시고, 그 안에 성령이 계시어 지혜와 총명으로 꿈도 해석할 수 있게 해 주셨기에 범사에 형통한 자가 되었다(창 39:2-3, 41:38-39).

특히 요셉은 보디발의 아내의 모함에 걸려 2년간 억울하게 감옥에 갇혀 있던 때, 여호와 하나님이 할아버지 아브라함과 아버지 이삭과 맺으신 언약을 자기에게서 이루고자 자기를 힘겹게 연단하신다는 것을 깊이 깨달았다(참고, 시 105:17-19). 그래서 기근 때문에 두 번째 애굽으로 식량을 사러 온 형들을 만나 자기를 알리던 때 이렇게 말할 수 있었다. "나는 형님들이 애굽에 팔았던 형님들의 동생 요셉입니다. 이제 형님들이 나를 이곳에 판 것 때문에 근심하거나 자책하지 마십시오. 하나님께서 생명을 구하시려고 형님들 앞서 나를 보내셨습니다. 하나님께서 세상에 형님들의 후손을 보존하시고, 큰 구원으로 형님들을 살리시려고 형님들 앞서 나를 보내셨습니다. 그러므로 이제 나를 이곳으로 보내신 분은 형님들이 아니고 하나님이십니다"(창 45:4-8).

아버지 야곱이 죽어 장사 지내고 난 후, 형들은 혹 요셉이 자기들을 미워하여 자기들의 악을 되갚지나 않을까 하고 두려워하였다. 그렇게 두려워하던 형들에게 요셉은 말했다. "두려워하지 마십시오. 제가 하나님을 대신하겠습니까? 형님들은 저를 해하려 하였으나 하나님께서는 그것으로 선을 이루어 오늘처럼 많은 백성을 살리셨습니다. 이제 형님들은 두려워하지 마십시오. 제가 형님들과 형님들의 어린 것들을 양육하겠습니다"(창 50:19-21).

요셉은 하나님이 자기와 함께하시고, 성령으로 지혜와 총명을 주시어 형통한 자가 되게 하셨으며, 특히 하나님이 자기를 통하여 언약을 성취하시되, 17세 때 꾸게 하신 꿈을 이루심에 있어서 합력하여 선을 이루셨다는 것을 믿는 믿음으로 말미암아 오히려 형님들을 용서하고 관용을 베풀어 사랑할 수 있었던 것이다. 요셉이 형제들 앞에서 행한 효는 너무나 아름답다.

신약 성경에서 안드레가 예수님을 만나고 나서 자기 형제 시몬 베드로에게 "우리가 메시아를 만났다" 하면서, 형제 시몬을 예수님께로 데리고 가서 그분을 만나게 한 것도 형제 앞에서 행한 귀한 효이다(요 1:40-42).

친구 앞에서

성경에서 가장 아름다운 친구의 우정을 나눈 사람들은 요나단과 다윗이다. 요나단은 이스라엘의 첫 번째 왕 사울의 아들이다. 사울이 40세에 왕이 되어 이스라엘을 다스린 지 2년이 되던 해의 일이다. 사울왕이 2천 명의 군대를 거느리고, 그의 아들 요나단은 1천 명의 군사를 거느린 채 블레셋과 싸움을 하게 되었다. 요나단이 용감하게 블레셋 수비대를 침으로써 이스라엘이 미움을 사게 되었고, 블레셋 사람들은 3만의 병거와 6천의 기마병, 그리고 헤아릴 수 없이 많은 군사를 모아 이스라엘을 대적하여 진을 쳤다.

이에 이스라엘 사람들은 위급함을 알고 절박하여 두려워 떨었다. 그들은 사울왕과 함께 사무엘이 와서 여호와께 번제와 화목제를 드려 이스라엘을 응원해 주기를 바라며 7일을 기한하고 기다렸다. 기다리던 날이 되어도 사무엘이 오지 않자 백성들이 사울에게서 흩어지기 시작했다. 그러자 사울왕은 급한 마음에 그만 사무엘이 도착하기 직전 사무엘 대신 자신이 제물을 바치는 죄를 범하고 말았다. 이 일로 인하여 사무엘은 여호와께서 사울을 이제 버리시게 되었다고 선포했다(삼상 13:13-14).

사무엘이 그렇게 선포하고 돌아가 버리자 사울과 요나단 곁에 함께 남은 군사는 600명뿐이었다. 그리고 군사들에게는 칼이나 창이 없고, 겨우 사울과 요나단에게만 있었다(삼상 13:22). 이 같은 열악한 상황 속에서 사울의 아들 요나단이 그의 무기를 들어 주던 한 군사만을 데리고 암벽을 타고서 블레셋 부대에 모습을 드러냈다. 요나단에게는 믿음이 있었다. 그래서 그의 보좌관에게 말했다. "우리가 이 할례 없는 자들의 부대로 건너가자. 아마 여호와께서 우리를 위하여 일하실 것이다. 여호와의 구원은 숫자의 많고 적음에 달려 있지 않다"(삼상 14:6). 그의 믿음대로 여호와께서 블레셋 사람들을 이스라엘의 손에 넘기심으로 먼저 요나단이 공격을 주도했고, 이에 사울이 합세하여 싸워 이겼다. 그 이후 사울이 가는 곳마다 용맹을 떨쳐 이스라엘을 약탈자들의 손에서 구출하였다(삼상 14:47-48).

그 후 더욱 용맹해진 사울왕은 아말렉과의 싸움에서 크게 승리하여 아말렉 왕 아각을 사로잡고 아말렉 백성을 칼로 쳤다. 하지만 살진 소와 양들은 아까워서 진멸하지 않고 쓸모없는 것들만 진멸했다. 사울은 여호와의 음성을 듣지 않고 노략질하기에만 급급하여 여호와 보시기에 악을 행했던 것이다(삼상 15:19). 이로 인하여 여호와 하나님은 사울을 왕으로 세우신 것을 결정적으로 후회하시게 되었다(삼상 15:35). 그래서 사울을 버리시고 대신 다윗을 기름 부어 세우셨다(삼상 16:13). 이로써 그날부터 여호와의 영이 다윗에게 강하게 임하셨고, 사울에게서는 떠나셨다. 대신 사울에게는 악령이 그를 괴롭히게 하셨다. 이때 다윗이 수금을 연주하면 악령이 사울에게서 떠났다(삼상 16:23).

이 일이 있은 후, 골리앗이라는 거대한 장수가 이끄는 블레셋 군대가 이스라엘을 대적하여 진을 치고 싸움을 걸어왔다. 사울과 온 이스라엘은 블레셋의 골리앗 앞에서 공포에 질려 매우 두려워 떨었다(삼상 17:11). 블레셋 장군 골리앗을 다윗이 무릿매로 돌을 던져 쓰러뜨려 전쟁을 승리로 이끌었다(삼상 17:54).

골리앗을 대적하던 다윗은 블레셋의 골리앗에게 이렇게 선포했다. "너는 칼과 창과 단창으로 내게 오지만, 나는 네가 조롱하는 만군의 여호와 이스라엘 군대의 하나님의 이름으로 네게 간다. 오늘 여호와께서 너를 내 손에 넘겨주실 것이니, ⋯ 이 모든 무리도 여호와의 구원은 칼과 창에 있지 아니함을 알게 될 것이다. 전쟁은 여호와께 속했으니, 그분이 너희를 우리 손에 넘겨주실 것이다"(삼상 17:45-47).

다윗이 골리앗을 쳐 물리친 것을 본 사울의 아들 요나단의 마음이 다윗의 마음과 결속되어 요나단은 다윗을 자기 생명처럼 사랑하게 되었다. 그래서 요나단은 다윗과 언약을 맺고 자기의 겉옷과 군복과 칼과 활과 허리띠까지 주었다(삼상 18:1-4). 사울은 다윗에게 군사를 주어 지휘하는 권세를 주었다(삼상 18:5).

그 후 다윗에게로 백성들의 신뢰가 기울어져 백성들이 사울보다 다윗을 더 열렬하게 환호하자 사울은 다윗을 시기하여 죽이려 했다(삼상 18:11). 사울은 신하들에게 다윗을 죽이라고 명령했다(삼상 19:1). 그러나 사울의 아들 요나단은 다윗을 매우 좋아하고 사랑하여 다윗에게 미리 아버지 사울의 계획을 알려 다윗으로 하여금 위기를 모면하게 해 주었다(삼상 19:1-3). 그리고 거듭 요나단은 다윗과 언약을 맺고 사랑을 다짐했다(삼상 20:16-17).

블레셋과의 전쟁에서 사울과 요나단이 죽음을 맞게 되자, 다윗은 슬픈 노래로 요나단을 애도했다. "이스라엘아, 네 영광이 높은 곳에서 죽었구나. … 요나단이 너의 산 위에서 죽임을 당하였구나. 내 형, 요나단이여, 내가 형 생각에 너무 고통스럽고, 형은 나를 무척이나 아껴 주었습니다. 나에 대한 형의 사랑은 기이하여 여자들의 사랑보다 더하였습니다"(삼하 1:19, 25-26).

사울의 아들 요나단은 왕위를 잇는 것이 보장되어 있었고, 용맹한 장수였고, 믿음도 뛰어난 사람이었다. 신앙과 인격이 훌륭했던 요나단은 다윗과 마음이 통했고, 다윗 안에 계시는 성령을 보았으며, 다윗의 인격과 신앙과 군인으로서의 지략과 지도력 등에 감동되어 다윗과 언약을 맺고 깊은 사랑을 나누었다. 요나단은 다윗의 신앙과 인격과 재능을 존중하였던 것이다. 요나단이 다윗 앞에서 행한 효는 너무나 아름답다.

신약 성경에서, 빌립은 안드레와 형제 시몬 베드로의 고향 벳새다 사람으로, 예수님을 만나자마자 그의 제자가 되었다. 빌립은 친구 나다나엘을 만나서, "모세가 율법에 기록하였고 선지자들도 기록한 그분을 우리가 만났는데, 그분은 요셉의 아들, 나사렛 사람 예수님이시다"라고 하였다. 이에 나다나엘이 나사렛 동네와 같은 천한 곳에서는 메시아가 나올 리가 없다고 하자, 빌립은 "와서 보아라" 하며 그를 데리고 가 예수님을 만나게 했다. 이에 나다나엘은 예수님을 가리켜, "랍비님, 당신은 하나님의 아들이시며 이스라엘의 왕이십니다"라고 고백하게 되었다(요 1:43-49). 빌립이 친구 나다나엘 앞에서 행한 이 효도 너무나 귀하다.

사회 동료 앞에서

사도 바울의 귀하고 친밀한 동료로 빌레몬과 압비아 부부가 있었다(몬 1:1-2). 이 부부는 골로새 교회의 집주인으로 지도적인 인물들이었고 경제적으로 제법 부유하였다. 바울은 골로새 교회를 방문하게 되면 그의 집에 머물 정도로 아주 친밀한 사이였다(몬 1:22).

바울이 빌레몬에게 써 보낸 편지에 보면, 오네시모라는 사람을 부탁하는 내용이 있다. 오네시모는 본래 빌레몬의 종이었는데, 주인의 재물을 훔쳐서 로마로 도망쳤던 사람이다. 그는 번화한 로마에서 적응하지 못하고 실패했는데, 어떤 계기로 바울을 만나 회심하게 되었다(몬 1:10). 바울은 오네시모가 그의 주인에게 범했던 실수를 바로잡고자 주인 된 빌레몬에게 돌려보내면서, 오네시모를 용서하고 잘 받아서 쓸모 있는 복음의 일꾼으로 일할 수 있게 해 줄 것을 부탁한 것이다. 바울이 빌레몬에게 부탁한 내용은 "우리가 우리에게 죄지은 자를 용서하여 준 것같이 우리 죄를 용서하여 주옵소서"라는 주님의 기도를 우리의 실제 생활에 적용한 좋은 실례이다.

바울은 자기가 로마의 감옥에 있으면서 그리스도의 복음으로 회개시킨 오네시모를 '갇힌 중에 낳은 아들'(몬 1:10), '내 심복'(몬 1:12), '사랑받는 형제'(몬 1:16)로 소개하면서, 전에는 무익하였으나 이제는 바울에게뿐 아니라 빌레몬에게도 유익한 사람이 된 까닭에 용서해 주고 형제로 받아 달라고 강권했다(몬 1:16).

특히 오네시모가 빌레몬에게 잘못한 것과 빚진 것에 대해서는 자기에게 계산해 달라고 하면서, "당신이 나를 동료로 여긴다면, 내게 하듯이 그를 받아 주시오"(몬 1:17)라고도 하였다. 바울은 동료로서 빌레몬의 인격과 신앙을 존중하고 오네시모를

정중하게 부탁함으로써 사회 동료 앞에서 효를 행하였던 것
이다.

7장

◆

아랫사람
앞에서
효

◆◆◆ 　약 35년 전 필자의 아들이 고등학교에 입학하던 때
의 일이다. 고등학교에 입학하는 당일부터 도시락을 두 개 준비
해 오라고 하는가 하면, 학교 수업을 아침 8시부터 저녁 10시까
지 정규 수업과 보충 학습 및 자율 학습 등을 실시하게 된다는
내용의 가정통신문을 보내왔다. 아들이 학교 교실 안에서 작은
책상과 의자에 갇혀 휴일도 없이 매일 하루에 14시간을 보내야
한다고 생각하니 마음이 아팠다. 필자가 고등학교를 다니던 때
3학년의 경우 하루 8시간씩 수업 받던 것도 무척 힘들었던 기억
이 났다. 그래서 담임 선생님께 편지로 내 아들의 경우는 정규 수
업만 받게 해 달라고 의견을 전했다. 담임 선생님이 흔쾌히 의견

을 받아 주어 너무 감사했다. 아들은 고등학교 1, 2학년 때는 정규 수업만 받았고, 3학년 때에만 보충 수업(2시간)을 받았다. 그래도 공부하는 데 전혀 어려움이 없었고, 졸업 후 의과대학교에 진학할 수 있었다. 지금은 부산에 있는 한 국립대학교의 정교수이다.

아들이 수학여행을 제주도로 간 일이 있다. 목요일에 배로 출발하여 주일에 돌아오도록 여행 일정이 짜여 있었다. 주일 예배에 참석할 수 없는 일정이었다. 주일을 거룩하게 지킬 수 없게 되어 난감했다. 아들은 여행을 가고 싶어 했고, 필자도 보내 주는 것이 좋다고 생각했다. 그래서 생각한 끝에 토요일 오후 늦게 수학여행을 마치고 제주도에서 비행기를 이용하여 귀가하는 방법을 택하였다. 담임 선생님의 협조로 여행도 재미있게 하고, 비행기도 타 보고, 주일을 거룩하게 지킬 수도 있었다. 아들이 너무 좋아했다.

아들이 성장하여 결혼식을 올리게 된 때의 일이다. 아들이 하나님의 축복 속에서 결혼하고, 결혼 생활도 하나님의 은혜 가운데서 믿음으로 하게 하고 싶었다. 이를 위하여 40일간 작정하고 아침 금식을 하며 기도하였다. 금식 기도를 할 수 있어서 그것만으로도 감사했다. 딸이 결혼하던 때에는 독일 국적의 청년과 독일에서 결혼식을 하게 되었던 까닭에 100일간 아침 금식을 하며 기도로 준비한 바 있다. 하나님의 은혜였다.

필자는 1977년부터 광신대학교에서 교수 생활을 시작하여 개신대학원대학교에서 2013년 2월에 정년 퇴직하고, 그 이후로도 명예교수로 학생들을 45년간 가르치는 복을 누리고 있다. 그동안에 하나님의 은혜와 성령의 도우심으로 26권의 영문 서적을 번역하고, 39권의 책을 저술했다. 이 같은 은혜와 복을 누릴수 있게 된 배경에는 총신대학교에서 가르침을 받은 김희보 교수님, 김의환 교수님, 신복윤 교수님과 미국 세인트루이스의 커버넌트 신학대학원의 레이몬드 교수님과 컨콜디아 신학대학원의 지원용 교수님 등 다섯 분의 교수님들이 계셨다. 교수님들은 제자 된 학생을 믿음의 아들로 가르쳐 주셨다.

특히 레이몬드 교수님과 지원용 교수님은 학생을 주인으로 알고 섬겨 주셨다. "학교의 주인은 학생이다"라고 말씀해 주시고, 그렇게 대우해 주셨다. 그분들의 가르침을 따라 신학교에서 학생들을 대할 때 주인으로 알고 존귀하게 여겨 섬기는 자세로 성실하게 힘을 다해 가르쳐 왔고, 특히 논문을 지도할 때는 필자가 논문을 쓰는 자세로 도왔다. 그래서 교수 생활이 행복했다.

성경이 가르치는 바에 의하면, 아랫사람에 대하여 윗사람에게 요구되는 것이 몇 가지 있다. 윗사람은 하나님께로부터 그들이 받은 권세와 그들이 처해 있는 관계에 따라서 아랫사람들을 사랑하고, 위해서 기도하며, 축복해야 한다. 아랫사람이 가르침 대로 잘하는 경우에는 격려하고 칭찬하며 상을 주되, 잘못하는 때에는 엄하게 꾸짖어야 한다. 뿐만 아니라 아랫사람이 지혜롭고 모범적인 몸가짐으로 하나님께는 영광을, 자신에게는 영예를 돌릴 수 있게 해야 한다.

윗사람은 아랫사람이 그의 능력으로는 할 수 없는 일을 명하거나 악한 일을 권해서는 안 된다. 선한 일을 막거나 부당하게 꾸짖고, 정신적 부담을 주며, 화나게 하고, 육체적·정신적·영적으로 괴롭혀서는 안 된다. 특히 윗사람의 부주의나 무지로 인하여 아랫사람이 오류와 유혹과 위험에 빠지게 해서는 안 된다(참고, 《웨스트민스터 신앙고백 대요리문답》 129, 130문답).

자녀 앞에서

"아버지들이여, 여러분의 자녀들을 노엽게 하지 말고, 주님의 훈계와 교훈으로 양육하시오"(엡 6:4). "아버지들이여, 여러분의 자녀들을 화나게 하지 마시오. 이는 그들이 낙심하지 않도록 하려는 것입니다"(골 3:21). "누구든지 나를 믿는 이 작은 자들 중 하나라도 걸려 넘어지게 하는 자는 차라리 그의 목에 연자방아 맷돌이 달린 채 깊은 바다에 빠지게 하는 것이 더 낫습니다"(마 18:6).

자녀를 주님의 훈계와 교훈으로 양육하지 아니하고, 아버지의 그릇된 가치관과 고압적인 권세를 가지고 화나게 하고, 그래서 낙심하게 하는 부모는 심하게 말하자면, 연자방아 맷돌이 달린 채 깊은 바다에 빠지는 것이 더 낫다고 예수님은 말씀하셨다. 예수님의 이 같은 말씀으로 볼 때, 자녀에 대한 부모의 책임은 엄청 무거운 것이다.

우리 주변을 보면, 부모들이 자녀들의 뜻과 상관없이 자기들의 욕심과 자녀들에 대한 지나친 기대로 인하여 자녀들을 입시 기계로 만들고 있고, 학교에서 정규 수업 외에 자율 학습과 보충 학습이라는 허울 좋은 이름의 강제적인 학습을 받게 하여 자녀들을 괴롭게 한다. 우리 부모들의 잘못된 자녀 교육과 학교 교육은 인간적으로도 용납하기 힘들 만큼 심각한 상황이다. 군사정권 때부터 시작된 이 비인간적인 학교 교육이 계속 이어져 오고 있는 것은 교육 당국의 잘못된 정책과 학부모의 묵인 또는 동조 때문이다.

자녀들이 자신들의 재능과 취미와 적성에 따라 삶을 살 수 있도록 하고, 공부도 재미있게 할 수 있도록 하는 것이 바람직하다. 자녀들을 지나치게 공주나 왕자처럼 키워 오직 자기밖에 모르는 이기적인 사람이 되게 해서는 안 되겠지만, 자녀들의 인격과 인성이 제대로 발현되도록 부모가 지혜롭고 적절하게 지도해 주어야 한다. 이를 위해서는 어떤 특별한 방법을 사용하거나 돈으로 자녀의 문제를 해결하기보다는, 밥상에 함께 앉아 식사하며 대화하고 함께 뒷동산을 오르거나 가까운 거리를 여행하는 것이 자녀 앞에서 효를 행하는 좋은 방법이다. 자녀 앞에서 자연스럽게 행해지는 효가 없으면, 우리에게는 미래나 희망이 있을 수 없다.

나이 어린 사람 앞에서

《천자문》에 보면, '상화하목'(上和下睦)이라는 사자성어가 있다. 윗사람이 사랑으로 가르쳐 온화함을 보이면, 아랫사람은 공손하여 예를 다함으로 화목하게 된다는 것이다. 윗사람이 온화할 때 아랫사람이 공손해져 위아래가 화목하여 효가 되는 것이다. 그래서 '인자은측'(仁慈隱側)이라는 사자성어도 있다. 윗사람이 아랫사람에 대하여 인애로움으로 대하고 아픔과 기쁨을 함께 나눌 때 사람이 살맛 나는 세상이 된다. 이와 함께 '조차불리'(造次弗離)라는 말도 있다. 잠시라도 인애하고 불쌍히 여기는 마음을 잊어서는 안 된다는 뜻이다. 사람의 인성을 말해 주는 인애, 즉 아랫사람을 측은히 여겨 그의 인격을 존중하여 자신의 욕망과 감정을 억제하는 마음가짐을 가져야 한다는 것이다. 윗사람이 아랫사람을 대함에 있어서 아픔과 기쁨을 함께하는 인애와 긍휼을 베풀어야 한다.

'유자비아'(猶子比兒)라는 말이 있는데, 조카(猶子)도 자기 아이(兒)와 같이 사랑으로 보살피라는 것이다. 조카가 자기 형제의 자녀이기 때문에 자기의 친자녀와 견줄 만큼 대해야 한다는 것이다. 구약의 에스더서를 보면, 모르드개는 자기의 조카 에스더를 딸처럼 양육했다.

페르시아 왕 아하수에로 시대에 왕이 자기 나라의 영광과 부요함뿐 아니라 자기의 찬란한 명예를 과시하고자 잔치를 베풀었다. 술에 취한 왕은 왕후 와스디의 미모와 춤 솜씨를 자기 대신들에게 자랑하고 싶어 왕후에게 와서 춤을 추라고 명령했다. 그러나 왕후가 그의 명령을 거절하자 왕은 분노하여 왕후를 폐위시켰다. 왕후 와스디를 폐위시킨 왕은 자기를 위해 외모가 아름다운 처녀를 구하라는 명령을 내렸다. 이 빈자리를 유대인 처녀 에스더가 차지하게 되었다.

에스더는 본래 고아였는데, 그녀의 삼촌인 모르드개가 수양딸로 삼아 키웠다. 모르드개는 왕궁의 문지기 관리였다. 그는 왕의 내시 두 사람이 왕을 암살하려는 음모를 알고서 왕에게 알려 왕의 암살을 면케 한 공을 세운 바 있었다. 그는 불의를 싫어하는 성격의 강직한 신하였다. 왕의 문지기 관리들은 지위 높은 대신들이 입궐할 때 그들에게 무릎을 꿇고 절하였으나, 모르드개는 그렇게 하지 않았다. 이로 인하여 대신들 가운데 우두머리였던 하만이 크게 격분하여, 왕의 재가를 얻어 모르드개뿐 아니라 그의 민족 유대인들을 모조리 학살하기로 결정하였다.

이 같은 학살 계획이 결정되어 공포되자 모르드개는 유대인들과 함께 애곡하여 금식하는 한편, 이제는 왕후가 된 수양딸 에스더에게 부탁하여 왕을 설득해서 자기 민족이 학살되는 것을 면할 수 있게 하도록 하라고 했다. 이에 에스더는 "죽으면 죽으리라"(에 4:16)는 일사각오의 자세로 금식하고 나서, 지혜롭게 왕을 설득하여 모르드개가 요청한 대로 자기 민족을 학살당할 위기에서 구하였다.

모르드개와 에스더의 관계를 보면, 모르드개는 인애로우면서도 강직하였고, 여호와 하나님을 온전히 경외하였으며, 자기 민족의 아픔을 함께하는 사람이었다. 모르드개의 그러한 인격과 인성과 신앙과 민족애가 수양딸처럼 키운 조카 에스더에게도 전해졌다. 그래서 에스더도 일사각오의 신앙으로 자기 민족을 위기에서 구해 낼 수 있었다.

나이 어린 조카 에스더 앞에서 행한 삼촌 모르드개의 성경적인 효가 민족을 살렸다.

하급자 앞에서

"주인들이여, 여러분도 위협을 그만두고 그들에게 이와 같이 행하시오. 이는 그들과 여러분의 주께서 하늘에 계시며, 그분께서는 외모로 사람을 취하시는 일이 없다는 것을 알기 때문입니다"(엡 6:9). "주인들이여, 의와 공정으로 종들을 대하시오. 이는 여러분에게도 하늘에 주인이 계시다는 것을 알기 때문입니다"(골 4:1). "내가 여러분 가운데 장로들에게 권하니, … 맡겨진 자들에게 주장하는 자세로 하지 말고 오직 양무리의 본이 되시오"(벧전 5:1-3).

상급자는 하급자를 협박하거나 위협해서는 안 되고, 정의와 공정으로 대하며, 주장하는 자세로 대하기보다는 본이 되어야 한다. 이는 하늘에 계시는 최고의 상급자이시요, 절대 주권자이신 하나님이 상급자와 하급자 모두의 한 하나님이신 바, 그 하나님은 상급자와 하급자를 급에 관계없이 대하시기 때문이다. 상급자와 하급자의 급이 하나님께는 의미가 없는 것이다. 그러기에 이 땅에서 상급자는 하늘에 계시는 최고의 상급자 앞에서 하급자를 대함에 있어서 정의와 공정을 따라 해야 한다. 상급자가 혹이라도 잘못했거나 실수했으면 하급자에게 그 잘못과 실수를 자백하고 사과해야 하며, 하나님의 율법을 따라 바르게 행해야 한다. 뿐만 아니라 상급자는 자기의 지위나 권세를 이용하여 힘이 없는 하급자의 능력 밖에 일을 시켜서는 안 된다. 하급자의 능력과 상태를 고려해서 일을 하게 해야 하는 것이다.

"젊은이는 형제를 대하듯이 권면하여라 … 젊은 여자는 자매를 대하듯이 일체 순결함으로 권면하여라"(딤전 5:1-2). 교회 안에서도 나이 어린 젊은이는 형제처럼 사랑으로 돌보고, 나이 어린 여자의 경우는 자매를 대하듯 하되 순결한 마음과 품행으로 보살펴야 한다. 나이가 어리다고 얕잡아 보거나 조금이라도 경멸해서는 안 되고, 젊은 여자에 대해서 성희롱하는 일이 없도록 말이나 손으로 만지는 일에 조심해야 하는 것이다. 하급자 앞에서 행하는 효가 이 사회뿐 아니라 교회를 평화롭게 만든다.

8장

◆

공동체 앞에서
효

◆◆◆　　우리나라의 역사를 보면 나라와 민족 공동체 앞에서 행해진 효가 있어서, 분당과 분파가 심하였어도 나라의 근간이 유지되어 왔다. 이씨 조선 500년의 역사를 지탱케 한 것은 암행어사와 사헌부가 있어서였다. 부패한 권력을 응징하는 데 암행어사가 절대적인 감찰권을 행사함으로써 정의와 공의와 공정이 행해졌다. 절대 권력을 향하여 사헌부가 바르고 쓴 소리를 거침없이 함으로써 절대 권력을 견제하여 절대 권력의 남용을 막았다. 나라와 민족 공동체 앞에서 행해지는 효는 절대 권력의 부패를 막아 내는 정의와 공의와 공정의 암행어사와 사헌부를 필요로 한다.

암행어사와 사헌부가 무력화되면서 이씨 조선은 쇠퇴하였다. 그리고 1910년 나라를 외세에 의해 잃고 말았다. 하나님은 이 민족을 사랑하시어 미리 앞서 이 땅에 복음의 진리의 씨를 심어 놓으셨다. 이수정이 성경을 번역하고, 미국 교회에 선교사 파송을 청원하고, 독립운동가 서재필과 같은 인재를 양성한 것이다. 이 복음의 씨가 자라나 일제강점기에 민족과 나라 공동체 앞에서 효를 행하였다. 복음을 깨달은 믿음의 지도자들이 일어나 해방된 이 나라와 민족을 위해 자유민주주의 헌법과 정치 체제를 세웠다.

이 자유민주주의 정치 체제가 뿌리를 내리기도 전에 우리는 1950년 6·25전쟁을 겪게 되었다. 동족상잔의 피로 이 땅이 크게 더럽혀지고 말았다. 전쟁은 굶주림과 질병을 가져다주었을 뿐 아니라 대외 의존 감정과 외제 선호 성향을 초래했다. 1960년대에는 5·16군사혁명으로 역사가 시작되었다. 근대화 운동이 일어나 나라의 번영의 기틀이 마련되기도 했으나, 열악한 노동 조건과 저임금으로 인해 근로자들의 희생이 너무나 컸다.

1970년대는 10월 유신헌법과 유신독재권력으로 시작되었다. 정치적·사회적 압박이 심해졌다. 거기에 대한 반발로 기독교 교회가 기하급수적으로 부흥되고 전도 폭발이 일어났다. 그러나 교회는 기복신앙의 온실 노릇을 함으로써, 몸집은 커졌으나 사회적으로 빛의 역할은 제대로 하지 못했다. 이로 인하여, 1980년대는 5·18광주민주화운동으로 시작되어야만 했다. 교회가 정의와 공의와 공정을 행하지 못한 까닭에, 일반 백성들이 불의에 저항하여 부패한 권력에 맞섰다. 1988년 서울 올림픽과 2002년 월드컵을 성공적으로 해 넘으로써 국격이 높아지고, IMF의 경제 위기를 극복하면서 나라의 기틀이 튼튼해졌으나, 부패한 정치가 나라를 어지럽혀 놓았다.

그럼에도 하나님은 이 나라와 이 땅을 향한 계획과 뜻을 이루어 오셨고, 또 이루고 계신다. 우리나라는 하나님의 오묘한 섭리로 인하여 지정학적으로 중요한 위치를 차지하고 있다. 우리나라가 차지하고 있는 지정학적 위치로 인하여 주변 국가들로부터 많은 상처를 받기도 했다. 그러나 주변 국가인 중국, 일본과 협력하고 조화를 이루면 인류의 미래 역사를 이끌어 갈 수 있다. 이 같은 지정학적인 의미는 1968년 도쿄 올림픽, 1988년 서울 올림픽, 그리고 2008년 베이징 올림픽이 20년 터울로 열림으로써 상징적으로 보여 주었다.

우리나라는 하나님의 놀라운 은혜로 교회가 선교하는 데 열심이 대단하다. 복음의 씨가 뿌려지자마자 처음으로 배출된 목사들이 선교사로 자원하여 중국과 러시아와 일본으로 파송되었다. 시기적으로 보면, 중국이나 일본이 우리보다 더 앞서 복음을 소개받았으나, 뒤늦게 복음을 받은 우리나라가 오히려 복음이 활성화되어 선교하는 데 열심을 냈다. 중국의 교회들과 일본의 교회들이 우리나라 선교사들에 의해 도움을 받고 있다. 이로 보건대, 중국과 일본과 한국 교회가 협력하고 조화를 이루게 된다면, 하나님이 그분의 나라를 견고하게 하실 것이다.

우리나라의 기독교 교회가 중국이나 일본보다 앞서게 된 데는 이수정의 앞을 내다보는 정치적 식견과 미국 선교사들의 청교도적 신앙과 삶이 있었기 때문이다. 이수정은 일본에 건너가 복음의 진리를 접하고서 복음만이 쇠약해진 나라와 민족을 살려 낼 수 있는 진리요 힘임을 깨달았다. 그러나 일본이 정치적으로 교회를 이용하여 우리나라를 침탈하려는 악한 음모를 감지하고서, 미국 교회에 선교사 파송을 요청하여 일본 교회가 우리나라에 들어오는 것을 미리 차단했던 것이다. 복음의 진리가 침탈자의 악한 도구로 쓰이는 것을 허용하지 않았던 것이다. 대신 복음의 진리가 우리나라를 살려 내고 침탈자를 대적하는 하나님의 전신갑주가 되게 하였다.

한편, 이 땅에 처음 들어온 미국 선교사들이 청교도적인 신앙과 검소하고 헌신적인 삶을 통해 복음을 전함으로써 그 복음이 민족을 살리는 지혜와 힘이 되었다. 또한 서울 대신 평양에 신학교를 세움으로써 한국 교회가 중국과 러시아를 향해 선교하게 하는 비전을 처음부터 갖게 하였다. 그리고 한국 교회 성도들에게 우리가 하나님의 선택받은 자들이라는 사실을 깊이 인식하게 했다.

전해 내려오는 이야기에 의하면, 어느 선교사가 갓을 쓴 사람을 가리키면서 그 모자를 무엇이라고 부르냐고 물었다고 한다. 통역자가 '갓'이라고 하자, 그 선교사는 감탄하면서, 한국 사람은 '갓'(God)을 선조 대대로 섬기는 대단한 민족이라고 해석했다. 그리고 그 당시 우리나라를 일컬었던 '조선'을 한자로 풀이했다. 십자가(十)를 날마다(日) 달마다(月) 묵상하는 '조'(朝)와 '예수는 그리스도 구주 하나님의 아들'이라는 신앙 고백을 상징하는 '물고기'(魚)와 '어린양'(羊)이 합해진 '선'(鮮)의 나라가 '조선'이라며 대단해했다. 그런가 하면 영어로 '조선'을 표기하면 'chosen'('선택받은'이라는 뜻)인 바, 하나님의 선민, 곧 선택받은 민족이라고 놀라워했다.

선교사의 이 같은 해석은 하나의 이야기라기보다는 하나님의 오묘한 섭리를 우리에게 알려 주고 있다. 우리가 우리나라와 민족 공동체를 하나님의 시각으로 보는 것은 공동체 앞에서 효를 행하는 데 너무나 중요하다.

민족 공동체 앞에서

페르시아의 아닥사스다 1세(주전 464-423년) 때 왕의 술 맡은 관원으로 느헤미야가 있었다. 겨울 궁정인 수산궁에서 주로 활동하던 그는 주전 445년에 예루살렘이 파괴되고 유대 백성들이 능욕과 환난을 당한다는 소식을 듣고서 왕의 허락을 받아 무너진 예루살렘 성벽을 재건했다(느 2:12, 6:15).

느헤미야가 예루살렘에 도착하기 13년 전에(주전 457년), 에스라는 이미 귀환하여 선지자 학개와 스가랴의 지도 아래 재건된 성전(주전 516년 완공됨)을 중심으로 백성들에게 여호와의 율법을 가르쳐 그들을 영적으로 재무장시키고 있었으나, 사회의 불안정으로 인하여 에스라의 개혁 운동은 크게 호응을 얻지 못했다. 이때 예루살렘 성벽 재건을 위해 귀환한 느헤미야가 재정적 지원까지 왕에게서 받아 옴으로써 예루살렘 성벽 재건이 52일 만에 완공되자 예루살렘은 질서와 안정을 되찾게 되었다. 이로써 에스라와 느헤미야가 본격적으로 도덕적·영적 개혁을 재추진할 수 있게 된 것이다.

느헤미야는 예루살렘 성벽 재건을 통하여 유대 민족의 정체성을 되살림으로써, 다윗 언약을 중심으로 유대 민족의 영적 회복을 이루었다. 그는 이전에 유대 민족이 멸망하고 바벨론 포로가 되어 고난을 받게 된 것이 하나님의 율법에 불순종한 범죄의 결과임을 잘 알고 있었기에, 율법의 회복과 충실한 준행을 강조하였다.

이방인들의 여러 훼방들을 극복하고서 하나님의 도우심으로 성벽 재건을 완수한 후, 느헤미야는 백성들을 성별시키고 영적·도덕적으로 재무장을 시도했다. 그때 유대 백성은 율법의 말씀을 듣고서 죄를 통회하였다(느 8:1-9:2). 모든 유대 백성이 하나님의 계명에 순응하기로 결의함으로써 느헤미야는 그들에게 언약을 새롭게 하였다(느 10:28-39). 그러고 나서 제비를 뽑아 백성들 가운데서 십 분의 일은 예루살렘에 남아 있고, 나머지는 이스라엘 땅에 두루 흩어져 살게 했다(느 11:1).

그러나 느헤미야가 예루살렘을 떠나 왕궁으로 돌아간 사이에(느 13:6) 개혁 운동이 시들해졌다. 이 소식을 전해 들은 느헤미야는 다시 예루살렘으로 귀환하여(주전 433년) 성전을 정결하게 하고(느 13:9), 레위인들의 권리를 되찾아 주며(느 13:10-13), 안식일을 준수하게 하고(느 13:15), 이방인과의 혼인을 금하는(느 13:27) 등 개혁 운동을 강력하게 추진했다.

느헤미야가 에스라와 함께 예루살렘 성벽을 복구하고 도덕적으로뿐 아니라 영적으로 유대 민족을 각성시키고 재무장시키는 개혁 운동을 행한 것은 유대 민족의 언약적 정체성을 회복시켜 하나님과의 관계와 민족 공동체 내의 결속을 도모한 것이었다. 이것이 바로 느헤미야가 민족 공동체 앞에서 행한 효이다.

신약 성경의 경우, 바울이 유대 민족 공동체 앞에서 행한 효는 눈물겹다. "나는 그리스도 안에서 참말을 하고 거짓말을 하지 않습니다. 내 양심이 성령 안에서 내게 이것을 증언하는 것은, 나에게 큰 근심이 있고, 내 마음에 그치지 않는 고통이 있다는 것입니다. 나는 내 형제, 곧 육체를 따라 된 내 동족을 위해서라면, 나 자신이 저주를 받아 그리스도께로부터 끊어진다 해도 좋습니다. 그들은 이스라엘 사람입니다. 그들에게는 양자 됨과 영광과 언약들과 율법을 세우심과 예배와 약속들이 있고, 조상도 그들의 것이며, 육체로 보자면 그리스도도 그들에게서 나셨으니, 그분은 만물 위에 계셔서 영원토록 찬양을 받으실 하나님이십니다. 아멘"(롬 9:1-5). 자기 민족을 위한 바울의 간절한 소원과 중보 기도는 아름다운 효이다.

국가 공동체 앞에서

레위기 25장에 보면, 안식년과 희년 제도에 대한 규정이 있다. 안식년 제도에 의하면, 6년간의 파종과 경작과 추수 이후에 땅은 1년간 묵혀야 한다. 경작하지 않은 땅의 소출은 가난한 사람들의 몫이 되고, 그 나머지는 짐승들의 몫이 된다(레 25:5-7; 참고, 출 23:11).

일곱 안식년 다음 50년째 되는 해가 희년이다. 희년에는 땅이 원래의 주인에게로 돌아가고, 빚은 탕감되며, 빚으로 인해 종이 된 히브리인들은 해방된다(레 25:10). "너는 땅을 영구히 팔지 마라. 이는 땅이 내 것이며, 너희는 다만 거류인이고 나와 함께하는 거주민이기 때문이다. 너희 소유의 모든 땅에서 너희는 그 땅 무르는 것을 허락하여라"(레 25:23-24).

땅은 본래 그 소유권이 여호와 하나님께 있고, 제비 뽑아 나눠 가진 바 하나님이 모든 백성에게 공평하게 나눠 주신 기업이다. 따라서 일단 땅이 적절하게 분할되고 할당되면 남에게 양도하거나 팔 수 없고, 그것을 받은 가문의 모든 세대의 소유가 된다.

희년 제도는 모두가 행복하게 조화를 이루어 살아갈 수 있도록 회복의 정신을 실천하라고 정해 놓은 법이다. 희년 제도는 개인이나 어느 소규모 집단의 차원에서는 행할 수 없고, 국가와 같은 큰 공동체 차원에서 실천될 수가 있기에, 국가 공동체 앞에서 행하는 효이다.

우리나라 역사상 초대 대통령인 이승만이 단행한 토지 개혁은 국가 공동체 앞에서 행한 효이다. 그는 토지 개혁을 통해서 양반과 상민을 차별하는 신분 제도를 철폐하고, 부와 가난의 대물림을 끊어 버렸다. 이로써 불공평과 부조리를 없애고, 공의와 정의와 공정을 실현하였다. 땅을 경작자인 농민에게 돌려준 이승만의 토지 개혁은 국가 공동체 차원의 효이다.

박정희 대통령이 시행한 농지 개혁도 국가 공동체 차원의 효이다. 우리나라의 농지는 대부분 소작농이었고, 논밭의 형태가 경계선인 논둑과 밭둑이 구불구불하여 기계로 농사를 짓는 것이 불가능했다. 그는 기계(트랙터 등)를 사용할 수 있도록 우선 논의 형태를 넓은 네모형으로 바꾸는 개혁 조치를 단행했다. 국가 차원에서 논을 측량하여 경계를 조정하고 논의 규모를 크게 넓혔다. 이로써 기계 농업이 가능해져 농사짓는 일이 효율적이 되고 소출도 크게 많아져 엄청난 농업혁명이 일어났던 것이다.

이승만 대통령의 토지 개혁과 박정희 대통령의 농지 개혁은 성경의 희년 제도에 버금가는 국가 공동체 앞에서 행해진 복된 효이다.

사회 공동체 앞에서

"성도들이 필요로 하는 것을 공급하고, 나그네 대접하기를 힘쓰십시오. 여러분을 박해하는 자들을 축복하십시오. 축복하고 저주하지 마십시오. 기뻐하는 자들과 함께 기뻐하고, 우는 자들과 함께 우십시오. 서로 마음을 같이하고, 높은 데 마음을 두지 말며, 오히려 낮은 자들과 사귀고, 스스로 슬기로운 척하지 마시오. 아무에게도 악으로 악을 갚지 말고, 모든 사람 앞에서 선한 일을 힘쓰십시오. 할 수만 있으면, 모든 사람과 더불어 평화롭게 지내십시오"(롬 12:13-18). "서로 사랑하는 것 외에는 아무에게 아무 빚도 지지 마시오. 남을 사랑하는 자는 율법을 성취하였습니다"(롬 13:8). "여러분은 서로 짐을 져 주십시오. 그리하면 그리스도의 법을 완성할 것입니다"(갈 6:2).

예수 그리스도가 광야에서 5천 명의 무리를 빵 다섯 덩이와 물고기 두 마리로 배불리 먹이신 사건(마 14:13-21; 막 6:30-44; 눅 9:10-17; 요 6:1-14)은 무리를 불쌍히 여겨 행하신 효이다.

광주중앙교회 초대 담임이셨던 오방 최흥종 목사는 나병 환자들과 폐결핵 환자들과 거지들의 아버지셨다. 그분은 본래 폭력배 건달이었는데, 광주로 선교하러 오신 선교사들의 집을 짓는 것을 방해하러 갔다가 유진 벨(Eugene Bell) 선교사님께 감동받아 예수님을 믿게 되었다.

광주에 계시던 선교사 한 분이 위급하게 되어 전보를 받고 포사이스(Forsythe) 의사 선교사님이 광주로 올라오던 길에 나주 근처를 지나게 되었다. 눈이 많이 덮여 있어 말을 타고 오는 길이었다. 그때 한쪽 모퉁이에 웅크리고서 도와 달라는 한 거지를 발견한 그분은 말에서 내려 그 거지에게로 다가갔다. 그 거지는 거의 다 죽어 가는 여자 나병 환자였다. 포사이스 선교사님은 그 여자 나병 환자 거지에게 자기의 외투를 입히고 말에 태워 광주 선교사들의 집으로 데리고 왔다.

그 여자 거지를 말에 태우던 때 포사이스 선교사님이 떨어져 눈 속에 박힌 지팡이를 함께 동행하던 최흥종에게 주우라고 말하자, 최흥종은 피고름이 더덕더덕 묻은 지팡이가 흉측스러웠으나 마지못해 주웠다.

이 여자 거지 나병 환자의 일로 최흥종은 자기의 땅을 기부

하여 나병 환자 치료 센터를 세웠고, 나병 환자들이 많이 몰려 들게 되자 여수에 애양원(후에 손양원 목사 시무함)을 세웠다. 또한 전라남도 전역과 전국 곳곳에 흩어져 사회적으로 고립된 나병 환자들의 치료와 안정된 생활 공간을 마련하고자 그 유명한 '구라행진'을 벌여 일본 총독부로부터 소록도를 나병 환자를 위한 공간으로 사용해도 된다는 허가를 받아 냈다. 구라행진은 광주에서 출발하여 서울 총독부까지 나병 환자들이 떼를 지어 도보로 한 행진이다.

그는 광주 경양 방죽(현재 계림동)에 움막을 치고 살던 거지들의 생계를 위해 광주 지역 부자들의 협조를 얻어 매일 점심을 먹여 주었고 그들의 건강도 보살펴 주었다. 또한 나병 환자들이 여수 애양원과 소록도에서 안정되게 살 수 있도록 하고 나서는, 폐결핵 환자들을 치료하고 돌보았다. 그들의 치료를 위해 무등산 깊은 곳에 움막을 지어 함께 살았다. 그는 그 움막에서 여생을 보냈다.

최흥종은 김구 선생과 함께 독립운동을 하였고, 러시아의 고려인들(카레이스키)을 위한 선교도 하였으며, 거액을 모금하여 현재의 전남대학교 의과대학을 세워 병든 자들을 체계적으로 치료할 수 있게 했다. 그분의 수고로 광주기독병원에는 지금도 결핵 병동이 있고, 전남대학교 의과대학병원은 수준 높은 치료 기

관이 되었다. 최흥종 목사의 일생은 사회 공동체 앞에서 행한
효의 모델이다.

9장

◆

자연 앞에서

— 효

◆◆◆　구약 성경의 안식년과 희년 제도에 의하면, 그 땅을 갈지 않고 묵혀 둔 상태에서 저절로 맺힌 소출은 가난한 사람들과 들짐승을 위한 먹이가 되게 하여 사람들이 들짐승과도 어우러져 살 수 있게 하였다. 사람과 땅과 들짐승이 어우러져 사는 세상이 하나님이 보시기에 아름답다.

　서구 농촌의 마부와 한국 농촌 사회의 농부 간에는 대조되는 특징이 있다고 한다. 서구의 마부는 달구지에 짐을 잔뜩 싣고 그 달구지에 타고서 말을 채찍으로 때리면서 집으로 몰고 간다고 한다. 이에 비하여, 한국의 농부는 달구지에 짐을 싣고 자기도 지게에 짐을 지고 소의 고삐를 잡고서 함께 걸어서 집으로 간다고 한다. 가는 동안 농부는 소를 어루만져 주며 눈으로 정을 나누고 쉬엄쉬엄 동행한다고 한다. 농부는 소와 함께 짐을 나눠 지고 함께하는 것이다.

성경의 안식년과 희년 제도는 땅과 들짐승과 사람이 어우러져 살게 하고, 한국 농촌 사회의 농부는 가축과 짐을 나눠 지고 동행함으로 어우러져 산다. 이것이 자연 앞에서 행하는 효이다.

창조 세계

창세기 1장의 창조 세계는 아름다운 질서가 있는 대극장이다. 우주에 충만한 빛과 그 빛 가운데서 해와 달과 별들은 빛을 발하고, 바다의 물속에서는 각종 물고기들이 헤엄치며 삶을 즐긴다. 땅은 채소를 내고 각종 짐승들은 그 채소를 먹으며 살이 찐다. 그리고 이 모든 풍요로움 속에서 하나님의 형상으로 창조된 인간은 함께 어우러져 삶을 누린다.

창세기 2장의 창조 세계는 하나님이 친히 임재하시어 사람과 언약을 맺고 생명을 나누시는 성소인 에덴동산이 그 중심에 있다. 에덴동산에는 생명나무 열매들이 주렁주렁 열리고, 선과 악을 알게 하는 나무의 열매도 맺혀 있다. 하나님은 이 열매들을 수단으로 삼아 아담과 생명의 언약을 맺으시고, 아담이 하와와 짝을 이루어 행복을 누리게 하셨다. 안식과 생명과 행복이 있는 에덴동산과 가정이 창세기 2장 창조 세계의 중심에 있다.

　이 아름다운 창조 세계에서, 하나님은 흑암으로 바다의 강보를 만드시고(욥 38:9), 빛의 집으로 가는 길을 내시며(욥 38:19), 폭우와 천둥과 번개를 위해 길을 내셨다(욥 38:25). 북두성과 그에 속한 별들을 인도하시고 하늘과 땅에 법칙을 세우셨다(욥 38:31-33). 암사슴과 들나귀와 들소, 타조와 매와 독수리가 각기 살 곳을 정해 주셨다(욥 39장). 그래서 모든 천사와 성도와 함께 해와 달과 별들, 바다의 물고기들, 과일나무와 백향목들, 짐승과 가축과 새들, 세상의 모든 왕과 백성들, 총각과 처녀, 노인과 아이들이 함께 어우러져 하늘과 땅에서 여호와 하나님을 찬양한다(시 148편; 참고, 시 104:14-30).

　하나님의 창조 세계는 조화(harmony) 자체이다. 아니, 하늘과 땅의 모든 것이 함께 어우러지는 효이다. "하나님께서는 인류의 모든 민족을 하나로부터 만드시고 그들을 온 땅 위에 살게 하셨으며, 그들이 사는 때와 거주지의 경계를 정하셨는데, 이는 혹시 그들이 하나님을 더듬어 찾고자 하면 그분을 찾게 하시려는 것이니, 그분께서는 과연 우리 각자에게서 멀리 떨어져 계시지 아니하신다. 우리가 그분 안에서 살고 움직이고 존재하기 때문이다"(행 17:26-28).

죄 아래 있는 자연

"네[아담]가 아내의 말을 듣고 내가 네게 먹지 말라고 명령한 그 나무의 열매를 따 먹었으므로 땅이 너 때문에 저주를 받고, 너는 평생 동안 수고하여야 그 소산을 먹을 것이다. 땅이 네게 가시덤불과 엉겅퀴를 낼 것이며, 너는 들의 식물을 먹게 될 것이다. 너는 흙에서 취해졌으니, 흙으로 돌아가기까지 네 얼굴에 땀을 흘려 음식을 먹을 것이다. 너는 흙이니 흙으로 돌아갈 것이다"(창 3:17-19). "피조물이 허무한 것에 굴복하게 된 것은 자기 뜻이 아니라 오직 굴복하게 하시는 분으로 말미암은 것입니다. 그 바라는 것은, 피조물 자신도 썩어짐의 종노릇하는 데서 해방되어 하나님의 자녀들의 영광스러운 자유에 이르는 것입니다. 우리는 모든 피조물이 지금까지 함께 탄식하며 함께 해산의 고통을 겪고 있다는 것을 알고 있습니다"(롬 8:20-22).

아담과 하와가 죄를 지은 이후로 자연은 저주를 받아 신음하고 있다. 하늘은 공기가 오염되고 황사와 미세먼지로 빛을 잃고, 땅은 각종 화학 물질과 콘크리트와 아스팔트로 오염되어 힘을 잃었으며, 바다는 사람들이 버린 각종 환경 쓰레기로 거대한 쓰레기장이 되었다. 각종 나무들은 오염된 공기와 땅과 물로 인해 고통을 당하고, 각종 들짐승은 사람들의 사냥감이 되었을 뿐 아니라, 오염된 공기와 물과 예기치 못한 기후 변화로 인하여 곤혹을 치르거나 어떤 종류들은 멸종되기도 했다. 바다의 물고기들은 환경 쓰레기들의 미세한 나쁜 물질들을 먹고 마심으로 죽음으로 내몰리고 있다. 유해한 화학 물질과 공장 폐수와 방사선 물질, 그리고 원유 부유물 등으로 인하여 괴롭힘을 당하여 신음하고 있다. 자연은 모든 것이 엉망진창이다.

사람들의 몸도 부끄러운 색욕과 동성애와 같은 욕정으로 더럽혀지고(롬 1:26-27), 독한 술로 인하여 감각을 상실하고(잠 23:35) 건강도 잃었다. 술에 취하여 향락을 즐기다가 정의와 공의를 잃고(사 5:7), 여호와 하나님에 대해 아무런 관심도 없게 되었다(사 5:11-12).

죄는 자연 앞에서 불효를 행한다.

구속받은 자연

"그분[예수 그리스도]의 십자가의 피로 화평을 이루시어, 만물, 곧 땅에 있는 것들이나 하늘에 있는 것들이 그분으로 말미암아 자신과 화목하게 되기를 기뻐하셨기 때문입니다"(골 1:20). "이 비밀은 때가 찬 경륜을 위한 것이며, 그리스도 안에서 만물, 곧 하늘에 있는 것들과 땅에 있는 것들을 다 통일시키려는 것입니다"(엡 1:9-10).

"광야의 메마른 땅이 기뻐하고, 사막이 즐거워하며 백합화같이 피어나서 무성하게 되어 기쁜 노래로 즐거워하며 … 그것들이 여호와의 영광, 곧 우리 하나님의 위엄을 볼 것이다. … 저는 사람이 사슴처럼 뛰고 말 못 하는 사람의 혀가 기뻐 노래할 것이니, 이는 광야에 샘물이 솟아오르고 사막에 시냇물이 흐를 것이기 때문이다. 뜨거운 사막이 못이 되고 마른 땅이 샘이 되며, 이리가 드나들며 눕는 곳에는 풀들과 갈대와 골풀이 자랄 것이며, … 사나운 짐승이 거기로 올라가지 못하므로 만날 수 없을 것이다"(사 35:1-2, 6-7, 9). "이리와 어린양이 함께 먹으며, 사자가 소처럼 짚을 먹고, 뱀은 흙으로 음식을 삼을 것이니, 나의 거룩한 산에는 어디서나 상함도 없고 망함도 없을 것이다"(사 65:25).

그리스도 예수 안에서 그분의 십자가의 피로 모든 만물이 화평하며 화목하고 통일된다. 그때 자연이 구속되어 기뻐 노래하고, 이리와 어린양이 함께 어우러져 즐거워할 것이다. 이것이 그리스도 안에서 구속받은 자연의 효이다.

"서로 마음을 같이하고"("live in harmony with one another", 롬 12:16), "그리고 이 모든 것 위에 사랑을 더하십시오. 사랑은 온전하게 매는 띠입니다"("And above all these put on love, which binds everything together in perfect harmony", 골 3:14). 효는 서로 마음을 같이하고서 사는 것이요, 사랑으로 온전하게 어우러져 모든 것이 함께 한 덩어리가 되는 것, 곧 사랑으로 모두, 그리고 모든 것이 비스듬히 기대어 어우러지는 바 조화(Harmony of Young & Old)이다.

사람들이 개성대로 자기를 사랑하고 자기 권리를 먼저 주장하며, 돈을 사랑하고 돈과 함께 권력을 좋아하고 무엇이든 돈으로 계산하고 해결하려 하는가 하면, 성적으로 쾌락을 즐기려 함으로써(딤후 3:1-4) 모든 인간관계뿐 아니라 인간과 자연의 관계가 전체적으로 뒤틀리고 깨져 모두가 고통을 당하고 있다. 이같은 고통에서 자유하는 길은 효뿐이다.

효의 출발점은 '인'(仁), 곧 '인애'(히, 헤세드)이다. '인애'는 하나님의 언약적 사랑이요, 부모의 내리사랑이다. 이 '인애'를 인하여 '공경'(히, 카바드; 헬, 티메)이 있게 된다. '공경'이 바로 '효'(孝)이다. '아랫사람'(子)이 '윗사람'(老)을 존경하는 것이다. '효'(헬, 유세베이아, 데오세베이아)는 경건으로서, 하나님의 인애와 선하심을 맞

보아 알고서 하나님을 경외하는 것이다.

효의 원형은 삼위일체 하나님이시다. 삼위일체 하나님은 말 그대로, 성부 하나님과 성자 하나님과 성령 하나님이 사랑으로 어우러져 서로 비스듬히 한 몸이 되어 효를 행하고 계신다. 성자 하나님은 성부 하나님께 철저히 순종하시고, 성령 하나님은 성부 하나님과 성자 하나님을 온전히 계시하신다. 자녀들은 이 삼위일체 하나님을 따라 부모의 가르침과 사랑에 감사하며 부모를 공경하고 힘과 뜻과 마음을 다해 신뢰하고 순종한다. 부모와 함께 공경해야 할 분들로 왕 또는 세상의 권세자와 어른(노인), 그리고 선생님이 있다. 아랫사람들이 부모처럼 그분들을 섬기고 공경해야 하는 것이다.

성령으로 사는 삶은 부부간에 우선적으로 살아야 한다. 그리스도가 교회를 위하여 자기의 몸을 다 내어 주신 것처럼, 남편은 아내에게 모든 것을 사랑으로 내어 주고, 아내는 교회가 그리스도께 하듯 순종한다. 형제, 친구, 동료 사이에도 서로 존경하고 사랑으로 어우러져 산다. 윗사람은 아랫사람에게 말과 행동과 품행에 있어서 모범이 되고, 아랫사람을 괴롭히거나 화나게 해서는 안 된다. 윗사람이 온유하고 온화하면 아랫사람과 화목하게 되어 효가 행해지는 것이다.

효는 개인 사이에만 행해지는 것이 아니고, 민족 공동체와 국가 공동체와 사회 공동체 차원에서도 행해져야 하고, 자연과의 관계에서도 행해져야 효가 제대로 완성되는 것이다. 효를 개인적인 차원이나 인간관계 차원에만 국한시켜서는 안 되고, 민족과 국가 공동체 차원으로 넓히고, 자연과의 관계까지 포함시켜야 총체적인 효가 가능하다.

효는 내가 먼저 자원하여 힘써 행하는 것이 중요하다. 나의 책임을 다른 사람이나 사회나 국가에게 떠넘겨서는 안 된다. 그래서 성경은 가르친다. "어떤 과부에게 자녀나 손자들이 있으면, 그들이 먼저 자기 집에서 효를 행하여 부모에게 보답하는 것을 배우게 하여라"(딤전 5:4). "누구든지 자기 친척들, 특히 자기 가족을 돌보지 않으면, 그는 믿음을 저버린 것이며 불신자보다 더 악하다"(딤전 5:8). 나이 드신 부모님을 돌보는 일은 국가가 전적으로 책임지기 전에 자녀와 손자들의 몫이 되어야 마땅하다.

이렇듯 효는 하나님과 사람, 사람과 사람, 사람과 자연 등 모든 관계에서 조화를 이루는 것이다. 인애와 은혜와 긍휼로 정의와 공의와 공정을 실천함으로써 사랑으로 서로 어우러져 이루는 조화(harmony)가 효이다. 그래서 이 효는 하나님 나라의 초석이다. 질서와 조화를 구현하는 효가 하나님 나라를 지금 여기서 세우는 것이다. "여러분은 먼저 하나님의 나라와 그분의 공의를 구하십시오"(마 6:33). 예수님의 이 말씀이 효의 목적이다.